Kostbarkeiten aus dem Domschatz zu Halberstadt

IHC·NAZAREN'
REX·IUDEOR·
EIGITUR
Inclinando ad altare

UTE BEDNARZ
PETER FINDEISEN
PETRA JANKE
HANS-JOACHIM KRAUSE
BARBARA PREGLA

KOSTBARKEITEN AUS DEM

DOMSCHATZ ZU HALBERSTADT

HERAUSGEBER

LANDESAMT FÜR DENKMALPFLEGE UND ARCHÄOLOGIE SACHSEN-ANHALT
STIFTUNG DOME UND SCHLÖSSER DES LANDES SACHSEN-ANHALT
EVANGELISCHER KIRCHENKREIS HALBERSTADT – DOMSCHATZ-VERWALTUNG

VERLAG JANOS STEKOVICS

Herausgeber

Landesamt für Denkmalpflege und Archäologie Sachsen-Anhalt
Stiftung Dome und Schlösser des Landes Sachsen-Anhalt
Evangelischer Kirchenkreis Halberstadt – Domschatz-Verwaltung

Autoren

Dipl. phil. Ute Bednarz, Landesamt für Denkmalpflege und Archäologie Sachsen-Anhalt (B.)
Prof. Dr. Peter Findeisen, Landesamt für Denkmalpflege und Archäologie Sachsen-Anhalt (F.)
Dr. Petra Janke (J.)
Dr. Hans-Joachim Krause (K.)
Dipl. phil. Barbara Pregla, Landesamt für Denkmalpflege und Archäologie Sachsen-Anhalt (P.)

Redaktion

Barbara Pregla
Dr. Petra Janke
Dr. Katrin Tille

Fotos

Aufnahmen von Gunar Preuß und Reinhard Ulbrich,
Landesamt für Denkmalpflege und Archäologie Sachsen-Anhalt,
S. 1, 7–30, 40–41, 44–45, 48–49, 52, 54–55, 66–67: Janos Stekovics,
43 u. m.: Karl Geipl

Zeichnung S. 43: Evemarie Schaper
Reinzeichnung: Bettina Weber

Buchgestaltung

Janos Stekovics

Bibliographische Information Der Deutschen Bibliothek
Die Deutsche Bibliothek verzeichnet diese Publikation in der Deutschen Nationalbibliografie; detaillierte bibliografische Daten sind im Internet über http://dnb.ddb.de abrufbar.

2., überarbeitete Auflage

Abbildungen auf dem Schutzumschlag:
Vorn: Elfenbeintafel vom Evangelistar des hl. Johannes (Detail), 10. Jahrhundert
Hinten: Thronende Muttergottes mit Kind, um 1220, Eiche, mit großen Teilen der originalen Fassung

Abbildung auf dem Bezug:
Marienteppich, Anfang 16. Jahrhundert, Kette: Leinen, Schuß: verschiedenfarbige Wolle und gebleichtes Leinen

Frontispiz: Kanonbild aus dem Missale des Johannes Zemeke, um 1240

ISBN 978-3-89923-128-1

www.steko.net

Vorwort zur ersten Auflage 2001

Die letzte ausschließlich dem Halberstädter Domschatz gewidmete Veröffentlichung von Erich Meyer liegt über 60 Jahre zurück, und auch die umfassendere Behandlung von Johanna Flemming in der gemeinsam mit Edgar Lehmann und Ernst Schubert bearbeiteten Dompublikation, die erstmals 1972 erschien, ist längst vergriffen. Dem seither bestehenden Mangel an einer größeren Darstellung, die einen Eindruck von Reichtum und Bedeutung des Schatzes vermittelt, möchte der vorliegende Band abhelfen. Dafür wurde eine repräsentative, die Vielfalt spiegelnde Auswahl aus den verschiedenen Gattungen der heute im Domschatz vereinigten Kunstwerke getroffen. Jedes der ausgesuchten Objekte ist im Bild vorgestellt, ein knapper Erläuterungstext liefert dazu die wichtigsten Informationen. Vieles musste freilich angesichts der Fülle unerwähnt bleiben, auch hervorragende und wichtige Werke wird der aufmerksame Leser vermissen.

Die Texte sind von der ehemaligen Kustodin des Domschatzes und wissenschaftlichen Mitarbeitern des Landesamts für Denkmalpflege und Archäologie Sachsen-Anhalt erarbeitet worden. Das Landesamt stellte einen großen Teil der Abbildungen aus seinem Archiv zur Verfügung.

Dom und Domschatz waren auch über die Reformation hinaus in die Obhut der Domgeistlichen bzw. nachfolgend der Domgemeinde gegeben, die seit dem 1. Januar 2000 zum Evangelischen Kirchspiel Halberstadt gehört. Die Gemeinde setzte sich stets für den Erhalt und den Verbleib des Domschatzes ein, sie präsentiert die Sammlung der Öffentlichkeit, verwaltet sie vor Ort und trägt zu ihrer wissenschaftlichen Erschließung bei. Bewahrung und Präsentation eines der größten und beeindruckendsten Kirchenschätze der Welt sind auf diese Weise weiterhin mit dem gottesdienstlichen Leben verknüpft. Die ursprüngliche Einheit von Dombau und Schatz konnte bis heute ununterbrochen gewahrt bleiben.

Die Erhaltung des Domschatzes seit seiner Ordnung im 19. Jahrhundert wird in seinem heutigen Bestand wesentlich den 1894 einsetzenden und insbesondere nach dem Zweiten Weltkrieg intensiven Bemühungen der Denkmalpflege verdankt. Diese umfassende Betreuung des Schatzes und der Baulichkeiten verlief kontinuierlich von den ersten Überlegungen zur Konservierung und Präsentation über die Ausstellung in den 1930er Jahren, die Bergung im Krieg und die Erhaltung während der Auslagerung bis zur Wiedereinrichtung als öffentlich zugängliche Schatzsammlung und der Fürsorge heute.

Mit der Klärung der Eigentumsfrage am Domschatz zugunsten des Landes Sachsen-Anhalt wurde 1998 eine grundlegende juristische Entscheidung getroffen und damit ein jahrhundertelang währender Streit beigelegt, der immer wieder auch Unsicherheit für die Unterhaltung des Schatzes mit sich brachte. Nach Abschluß des Vertrages über das Nutzungs- und Präsentationsrecht am Halberstädter Domschatz zwischen dem Land Sachsen-Anhalt und der Domgemeinde zu Halberstadt ging der einzigartige Kirchenschatz noch im gleichen Jahr in den Vermögensbestand der Stiftung zum Erhalt und zur Nutzung der Dome, Kirchen und Klöster des Landes Sachsen-Anhalt (Domstiftung), nunmehr Stiftung Dome und Schlösser in Sachsen-Anhalt, ein. Neben der Durchführung von Baumaßnahmen, die zur Verbesserung der konservatorischen Rahmenbedingungen unerläßlich sind, legt sie ihr Hauptaugenmerk auf die Gewährleistung einer kontinuierlichen restauratorischen Betreuung, um den Domschatz in seinem Bestand zu erhalten.

Die gemeinsame Verantwortung bildet die Grundlage für das Zusammenwirken der drei benannten Institutionen. Auf diese Weise sind die Bewahrung, Pflege und Präsentation des Domschatzes für Gegenwart und Zukunft gesichert.

Gotthard Voß
Landeskonservator
Landesamt für Denkmalpflege Sachsen-Anhalt

Boje E. Hans Schmuhl
Vorstand der Stiftung Dome und Schlösser des Landes Sachsen-Anhalt

Christoph Hackbeil
Superintendent
Evangelischer Kirchenkreis Halberstadt

IM DOM ZU HALBERSTADT

Das Langhaus des Domes nach Osten. Im Vordergrund der romanische Taufstein aus Rübeländer Marmor (1195).

Das Langhaus nach Westen. Im Vordergrund der heilige Sebastian am nordwestlichen Vierungspfeiler.

Nordseite des Chorumgangs. Blick in das nördliche Seitenschiff.

Heilige Magdalena mit Salbgefäß aus einer Verkündigungsgruppe. Sandstein, um 1360.

Der Lettner ist eine außergewöhnlich filigrane Steinmetzarbeit aus der Zeit um 1510.

Westliche Arkaden der nördlichen Mittelschiffwand.

Heiliger Mauritius. Pfeilerfigur an der Nordseite des Langhauses. Sandstein. 1513 gestiftet von Sebastian von Ploto.

Heiliger Sebastian am nordwestlichen Vierungspfeiler. Sandstein, 1510. Rechts der heilige Georg, 1487.

Der heilige Hieronymus am südwestlichen Vierungspfeiler, um 1480.

Spätromanische Triumphkreuzgruppe (um 1220/30) aus dem älteren Dom. Christus in der Mitte, links und rechts von ihm Maria und Johannes der Evangelist, an beiden äußeren Seiten je ein Cherub.

Kreuzreliquiar

Restauratoren machten 1996 bei der Restaurierung der Triumphkreuzgruppe einen sensationellen Fund: Am Hinterkopf der Christusfigur entdeckten sie eine kleine Vertiefung, in der sich unter anderem in Seide gewickelte Knochensplitter und ein Kreuzreliquiar befanden.

Zur Geschichte des Domes und des Domschatzes im Mittelalter

Petra Janke

Im Halberstädter Dom und den angrenzenden ehemaligen Klausurgebäuden begegnen die Besucher der größten Sammlung mittelalterlicher Kunst, die sich in Deutschland bei einer Kirche erhalten hat. In über 1000 Jahren gewachsen, zählt der Domschatz mehr als 650 Objekte unterschiedlicher Gattungen, die zur Ausstattung des Kirchenraumes oder der liturgischen Nutzung dienten: Paramente, Mobiliar, Altarbilder, Skulpturen, Goldschmiedearbeiten, Kunsthandwerk und Handschriften.

Die Architektur des Domes bildet gemeinsam mit dem Domschatz und seinen materiellen Zeugnissen der mittelalterlichen Frömmigkeit ein wahrhaft einzigartiges Ensemble, das Geschichte und Glauben vergangener Zeiten noch heute lebendig werden läßt. So ermöglicht die Präsentation der Kunstwerke des Domschatzes in den historischen Räumen den Besuchern eine anschauliche Vorstellung des ursprünglichen Kontextes und der einstigen Verwendung der Ausstellungsstücke. Das Leben der Menschen war eingebunden in das Kirchenjahr, in Feste, Sakramente, Riten und theologische Vorstellungen, die Normen, Halt und Orientierung versprachen. Dom und Domschatz spiegeln zudem Selbstverständnis und Selbstdarstellung der katholischen Kirche des Mittelalters und ihrer Vertreter, deren Prachtentfaltung trotz kritischer Distanz zu beeindrucken vermag. Vor allem ist es aber auch die Kunstfertigkeit der Schöpfer kirchlicher Kunst, die noch nach Jahrhunderten begeistert.

Die Ursprünge des Halberstädter Bistums reichen bis in die karolingische Zeit zurück, als Anfang des 9. Jahrhunderts bei einer sächsischen Siedlung eine Missionskirche als Zentrum und östlichster Stützpunkt des Reiches für die gewaltsame Bekehrung der Sachsen durch Karl den Großen entstand. Wohl schon im Jahr 804 erfolgte die Erhebung Halberstadts zum Bistum, die eine Erweiterung des noch ziemlich kleinen Bauwerks zu einer würdigen Bischofskirche nach sich zog, die 859 geweiht wurde. In den Anfängen kamen zwei maßgebliche Bischöfe wie auch Hildegrim (804–827), der als Bischof von Châlons-sur-Marne zunächst die Verwaltung des neuen Bistums innehatte, aus dem Geschlecht der Liudgeriden und unterhielten enge Beziehungen zu ihrem Familienkloster in Essen-Werden.

Zur großen Enttäuschung von Halberstadt wurde auf Betreiben Kaiser Ottos I. im Jahr 968 seine Lieblingsresidenz Magdeburg zum Erzbistum erhoben, von dem aus ab 1479 der ältere Bischofssitz in Personalunion mitverwaltet werden sollte. Der Machtbereich des Halberstädter Bistums wurde durch diese Entscheidung, gegen die man sich unter Bischof Bernhard (923–968) bis zum Schluß aufgelehnt hatte, empfindlich beschnitten, und weitläufige Gebiete mußten an das neue Erzbistum abgetreten werden. Dennoch konnte im Jahr 992 – nach Umbauten und Reparaturarbeiten, die angeblich ein Einsturz von Teilen des karolingischen Baus erforderlich machte, während sie wohl eher der eigenen „Imagepflege“ und dem Wettstreit mit Magdeburg zu verdanken waren – in Anwesenheit Ottos III. die Weihe des ottonischen Domes erfolgen. Der Herrscher, so berichten die Quellen, legte bei dieser Gelegenheit sein Szepter als Geschenk auf den Altar.

Das Patrozinium der Bischofskirche wurde im 10. Jahrhundert erweitert: Verehrte man zunächst nur den heiligen Stephanus als Schutzherrn der Kirche, dessen Reliquien – wohl von Hildegrim aus seinem angestammten Bistum Châlons importiert – bereits seit karolingischer Zeit im Besitz des Domes waren, kam nach dem Erwerb zahlreicher neuer Reliquien nun der heilige Sixtus als zweiter Patron hinzu.

Im 11. Jahrhundert – Halberstadt gehörte inzwischen zu den wirtschaftlich bedeutendsten Städten und zu den wichtigsten Bistümern des Reiches – erfolgte nach einem Brand die Wiederherstellung des Domes, abgeschlossen durch einen Weiheakt 1071. Nur etwa 100 Jahre später traf das Bauwerk erneute Zerstörung, als der sächsische Herzog Heinrich der Löwe 1179 die Stadt niederbrannte, hatte sich doch Bischof Ulrich in den Auseinandersetzungen um die Machtansprüche des Welfen nicht auf seine Seite gestellt, zumal dieser die Lehnshoheit des Domstiftes über einige welfische Orte bestritt. Der ottonische Dom wurde bis Ende des Jahrhunderts noch einmal wiederaufgebaut, dabei wölbte man auch zum ersten Mal die restaurierten Gebäudeteile ein, und im Jahr 1220 konnte die Kirche neu geweiht werden. Im jetzigen Kreuzgang, der um die Mitte des 13. Jahrhunderts errichtet wurde, haben sich mit dem sogenannten Alten Kapitelsaal an der Ost- und dem einstigen Refektorium an der Westseite Bauteile aus romanischer Zeit erhalten.

Nur wenig später, wohl 1236, spätestens 1239, begann man bereits mit dem Bau des den heutigen Besuchern sich öffnenden gotischen Domes – anscheinend wiederum in der Konkurrenzsituation zu Magdeburg begründet, wo seit 1209 ein Neubau der Bischofskirche in Arbeit war. Allerdings brauchte es mehr als 250 Jahre, um diesen letzten Halberstädter Dom fertigzustellen: Erst im Jahre 1486 waren die Bauarbeiten beendet, und 1491 erfolgte die Weihe der über 100 Meter langen, dreischiffigen Basilika mit Querhaus, langgestrecktem Chor und westlicher Doppelturmfassade.

Begonnen hatte man mit dem noch die Spätromanik spiegelnden Westteil des Domes, d. h. mit den Untergeschossen der Türme sowie einer nicht erhaltenen Vorhalle, und von 1263 bis 1317 konnten die drei westlichen Joche fertiggestellt werden. Mit der heute im Scheitel des Chores gelegenen Marienkapelle wurde die Bautätigkeit nach längerer Pause wohl in den 1340er Jahren fortgesetzt, und ihre Weihe dürfte spätestens 1362 erfolgt sein, denn eine Urkunde dieses Jahres bezeugt, dass künftig in der Kapelle die Liturgie des Marienaltares der ehemaligen Krypta gefeiert werden sollte. Bis 1401 errichtete man den Chor selbst, es folgten die Ostteile der Seitenschiffe, der Bau des Querhauses schloß sich wohl ab 1437, spätestens gegen 1440, bis Ende der 60er oder Anfang der 70er Jahre an, und schließlich konnte das Mittelschiff vollendet werden. Mit Fortschreiten des Neubaus erfolgte Stück für Stück der Abbruch des ottonisch-romanischen Vorgängerbaus, der während der Bauzeit so lange wie möglich für die Meßfeiern in Benutzung blieb.

Im Inneren des gotischen Domes, der einen in sich geschlossenen, von harmonischer Schlichtheit geprägten Raumeindruck vermittelt, sind die zahlreichen Bauabschnitte auf den ersten Blick kaum zu unterscheiden, so sehr hatte man in der Spätgotik Rücksicht auf die Architekturformen der frühgotischen Anfänge genommen. Durch die sich mit hohen Arkadenbögen weit zum Mittelschiff öffnenden Seitenschiffe kommen in der Kirche die lichten, alles Vertikale betonenden Strukturen und der nahezu hallenartige Charakter des Baus besonders deutlich zum Ausdruck.

Das bedeutendste mittelalterliche Kunstwerk des Domes ist zweifellos die um 1210 entstandene, noch zum Vorgängerbau gehörige Triumphkreuzgruppe – das früheste erhaltene Zeugnis dieser Gattung mit einer derart figurenreichen und theologisch vielschichtigen Konzeption. Zur Ausstattung des Domes zählen ferner der romanische, ebenfalls noch für den Vorgängerbau von Bischof Gardulf (1193–1201) gestiftete Taufstein, das Anfang des 15. Jahrhunderts zu datierende Chorgestühl, die Glasmalereien des 14. und 15. Jahrhunderts, die monumentalen Radleuchter im Hohen Chor und im Mittelschiff des Langhauses aus der zweiten Hälfte des 14. bzw. vom Anfang des 16. Jahrhunderts, die mittelalterlichen Skulpturen an den Pfeilern des Mittelschiffs, der Vierung und des Chores sowie auf den Seitenaltären, die spätgotischen Altarretabel, die Lettnerhalle von 1510 und an der Westseite der barocke Orgelprospekt von 1718.

Die spätestens seit 923 in den Quellen bezeugte Klausur des Domes sollte dem gemeinschaftlichen Leben eines Chorherrenstiftes dienen, also einem Zusammenschluß der Kleriker des Domes, der eine kanonische Lebensweise nach der seit Ludwig dem Frommen verbindlichen Aachener Regel anstrebte, die allerdings Privatbesitz erlaubte. In der späteren Praxis zog man es dann auch vor, nicht einer mönchischen „vita communis" nachzugehen, sondern in eigenen repräsentativen Wohnhäusern, den Kurien, auf dem Domberg zu residieren. Aus dem Stiftsvermögen wurden anscheinend bereits im 11. Jahrhundert unter Bischof Burchard I. (1036 bis 1059) einträgliche Pfründen angewiesen und den Kurien zugeordnet, die von den Domherren erworben werden mußten. Diese Geistlichen, vom 12. bis 16. Jahrhundert wohl stets 22 an der Zahl, stammten meist aus vermögenden sächsischen Adelsfamilien und hatten außer den liturgischen Verpflichtungen auch umfangreiche Aufgaben in der Diözesanverwaltung, zum Beispiel als Archidiakone, wahrzunehmen. Hinzu kamen die Vikare als niedere Geistlichkeit, im Spätmittelalter mehr als 30, die zumeist die Meßfeiern abhielten und ein gemeinsames Leben innerhalb der Klausur führten. Im 16. Jahrhundert galt der Domklerus gemeinhin als genießerisch und war weltlichen Vergnügungen so wenig abgeneigt, daß der Rat der Stadt Halberstadt über die mangelnde Sittlichkeit der Geistlichen öffentlich Beschwerde einlegte.

Den höheren Klerikern waren zahlreiche Stiftungen zu verdanken. Als Stifter trat im Spätmittelalter zum Beispiel der wohlhabende Dompropst Balthasar von Neuenstadt in Erscheinung, der Anfang des 16. Jahrhunderts eine Marienkapelle im Kreuzganggarten erbauen ließ, mehrere Glocken sowie den großen Radleuchter im Mittelschiff des Domes finanzierte und vielleicht auch die beiden Marienteppiche des Domschatzes in Auftrag gab, um die Neuenstadter Kapelle damit auszustatten. Als bedeutender Kirchenrechtslehrer hatte sich der in Bologna ausgebildete Dompropst Johannes Zemeke (Semeca), genannt Teutonicus (gest. 1245), hervorgetan, dem der Domschatz ein reich illuminiertes Missale verdankt – sein postumes Grabmal aus dem 15. Jahrhundert blieb im südlichen Chorumgang erhalten.

Unter Bischof Heinrich Julius (1566–1613) schlossen sich im Jahr 1591 die meisten Domherren dem protestantischen Glaubensbekenntnis an – den ersten evangelischen Gottesdienst hatte es in Halberstadt allerdings schon 1521 in der Martinikirche gegeben. Das konfessionell gemischte Domkapitel stiftete 1592 die mit reichem Schnitzwerk geschmückte Kanzel des Domes. Das Domstift sollte bis zur Säkularisation 1810 bestehen bleiben, während das Bistum Halberstadt bereits nach dem Dreißigjährigen Krieg, im Jahr 1648, als weltliches Fürstentum dem Kurfürstentum Brandenburg angegliedert wurde, so daß ab 1661 der Landesherr den Dompropst bestimmte.

Zu den ersten und kostbarsten Schätzen des neu erhobenen Bistums gehörten zweifellos Reliquien, die seit der Spätantike als heil- und segenspendend, auch wunderwirkend galten und ohnehin für jede Kirche, für jeden christlichen Altar unabdingbar waren. Strebte man in den Anfängen des Christentums noch nach der Unmittelbarkeit eines kompletten Heiligengrabes, da man sich von den Verstorbenen, deren Gottesnähe durch Wunder oder ihr Martyrium erwiesen schien, Fürbitte beim Jüngsten Gericht versprach, so ging man in späteren Jahrhunderten dazu über, einzelne Partikeln ihrer Leichname zu sammeln, die den gleichen Zweck zu erfüllen schienen. Die Heiligen wurden im Grabe präsent geglaubt, ihre Kraft sollte selbst noch im toten Leib – und in seinen Einzelteilen – lebendig sein. Auf diese Weise hofften die mittelalterlichen, in steter Angst um ihr Seelenheil lebenden Menschen, sich der Gegenwart der Verehrten versichern und somit Heilsgewißheit verschaffen zu können.

Doch standen auch weniger magisch-religiöse Aspekte hinter der Reliquienverehrung, denn diese diente nicht zuletzt der Kultpropaganda, der Vermehrung der Altäre und damit auch der Pilgerscharen sowie in beiden Fällen der kirchlichen Einkünfte. Im Halberstädter Dom gab es im Spätmittelalter an die vierzig Altäre, die zu den größten Einnahmequellen des Domkapitels zählten. Vor allem seit dem 13. Jahrhundert wurden an vielen Orten – auch in Halberstadt – Ablässe für die Verehrung von Reliquien gewährt, wodurch sowohl das Zur-Schau-Stellen des Heiltums als auch der lokale Wallfahrtsbetrieb erheblich gefördert wurden. Man konnte Reliquien ferner zur Durchsetzung kirchenpolitischer Ansprüche oder als Gewährsträger kirchlichen Vermögens einsetzen. Diebstahl, Fälschungen und ein profitträchtiger Handel waren die Folgen der großen Nachfrage.

Das Heiltum einer Kirche – es galt als ihr wichtigster Besitz – wurde zumeist in kostbaren Behältnissen aufgehoben, die den Reliquien gleichsam ein Gesicht gaben und an Festtagen öffentlich sichtbar gemacht wie zu diesem Anlaß auch geschmückt werden konnten. Der Domschatz hat zahlreiche Reliquiare verschiedenster Form bewahrt: herausragende Zeugnisse der einheimischen Goldschmiedekunst in Form von Tafel- und Armreliquiaren oder aus Straußeneiern hergestellte Gefäße, die eigens für diesen Zweck geschaffen worden waren, neben kostbaren umgearbeiteten Gläsern des profanen Gebrauchs und Elfenbeindosen aus islamischer Produktion, welche die Gepflogenheit zumeist adliger Stifter spiegeln, käuflich oder als Geschenk erworbene exotische Behältnisse der kirchlichen Verwendung zuzuführen. Aus Byzanz haben sich Reliquien erhalten, die unverhüllt mit einer edlen Fassung versehen wurden.

Besonders den Goldschmiedearbeiten unter den Reliquiaren, die dem sächsischen Kunstkreis zuzurechnen sind, kommt eine hohe Bedeutung zu, denn außer Abendmahlskelchen sind kaum mittelalterliche Zeugnisse ihrer Gattung und Provenienz erhalten geblieben. Man muß sich ohnehin vor Augen führen, dass wohl weniger als ein Prozent aller Werke der Goldschmiedekunst des Mittelalters überlebt haben. Die reichen Silbergruben Sachsens lassen jedoch vermuten, daß in diesem Raum eine blühende Produktion solcher Arbeiten existierte. In Halberstadt selbst scheint es allerdings nach heutiger Überlieferung keine Produktionsstätten gegeben zu haben, doch waren Braunschweig, Hildesheim und Magdeburg nahegelegene Metropolen, in denen man Reliquienbehältnisse höchster Qualität herstellen lassen konnte. Alle diese Preziosen, heute mit Bewunderung und auch leichtem Befremden in den Vitrinen bestaunt, lassen kaum noch erahnen, wie selbstverständlich sie dereinst im Rahmen kirchlicher Rituale benutzt und zum Beispiel in Prozessionen umhergetragen, gesalbt oder geküsst wurden.

Die wichtigsten Reliquiare des Domes wurden seit dem ersten Viertel des 16. Jahrhunderts in einem großen, schweren, vollständig mit Eisenblech beschlagenen Eichenholzschrein verwahrt, der auf dem Hochaltar seinen Platz hatte und als nahezu einzigartiges Beispiel seiner Gattung bis heute erhalten blieb. Der Schrein konnte mit zwei Türen und einer horizontalen, seine gesamte Breite einnehmenden Klappe verschlossen werden, wollte man nicht, wie an besonderen Festtagen, den Inhalt zur Schau stellen. Der Heiltumsschrank war außen rot gestrichen, die Innenseiten dagegen waren azurblau, mit einem rautenförmigen Muster aus versilberten Zinnsternchen verziert und die Türen innen mit Tüchleinmalereien versehen, welche Bilder der Dompatrone Stephanus und Sixtus zeigten.

Die Entwicklung der Reliquienverehrung am Halberstädter Dom ist anhand des Urkundenbuches des Hochstiftes wie auch mittelalterlicher Chroniken gut zu verfolgen, und nicht wenige der erwähnten Partikeln können mit den heute noch erhaltenen materiellen Hinterlassenschaften des Reliquienkultes in Verbindung gebracht werden. Am Anfang müssen es, wie erwähnt, Reliquien des heiligen Stephanus, des Dompatrons, gewesen sein, bis vor allem im 10. Jahrhundert durch die Bischöfe Bernhard und Hildeward (968–996) aus Rom und Metz weitere bedeutende Partikeln nach Halberstadt gelangten, darunter neben Apostelreliquien auch solche des zweiten Dompatrons, des heiligen Sixtus. Als im Jahr 974 die Ringkrypta des ottonischen Domes und 992 die neue Bischofskirche endgültig geweiht wurden, konnte man die Altäre mit zahlreichen hochwichtigen Partikeln altchristlicher Märtyrer ausstatten, darunter Reliquien von Stephanus, Laurentius, Sebastian, Georg, Dionysius und Euphemia, deren Verehrung sich bis ins Spätmittelalter in den Skulpturen, Altarbildern und Glasmalereien des Domes spiegelt.

Ein Großteil der Reliquien, zahlreiche Schatzkammerstücke und auch Textilien kamen zu Beginn des 13. Jahrhunderts infolge des vierten der unseligen Kreuzzüge aus Byzanz nach Halberstadt. An diesem hatte Bischof Konrad von Krosigk (1201–1208) teilgenommen, nachdem er sich als treuer Anhänger der Staufer unbeliebt gemacht und den Bannstrahl des Papstes Innozenz III. auf sich gezogen hatte. 1204 wurde, finanziert vor allem von Venedig, Konstantinopel – die unliebsame Konkurrenz am Bosporus und Hauptstadt des byzantinischen Reiches – erobert und geplündert. Byzanz war der östliche Teil des einstigen römischen Weltreichs gewesen und sollte allen germanischen und islamischen Eroberungszügen zum Trotz bis 1453 Bestand haben. Als Hüter der antiken Traditionen und geistiges, wissenschaftliches und kulturelles Zentrum war es dem Westen Europas weit überlegen. Unzählige Kostbarkeiten fanden seinerzeit als geraubtes Gut ihren Weg aus den Kirchen des Ostens in die Heimat der Kreuzfahrer und inspirierten dort wiederum auf vielfältige Weise das westliche Kunstschaffen.

Bei seiner Rückkehr am 16. August 1205 – dieser Tag wurde in Halberstadt fortan zu einem jährlich wiederkehrenden Feiertag erhoben, an dem man den Domherren für ihre Anwesenheit Präsenzgelder gewährte und die Gläubigen Ablässe für die Reliquienverehrung bekamen – hielt Konrad mit reicher Beute Einzug, die öffentlich zur Schau gestellt wurde. In den „Gesta Episcoporum Halberstadensium“, der Bischofschronik, wird vor allem das mitgebrachte Heiltum im Detail aufgezählt, darunter bedeutende Christusreliquien sowie Partikeln der Apostel, altehrwürdiger Märtyrer und hochverehrter weiblicher Heiliger.

Im Jahr 1208 erfolgte eine großzügige Schenkung des Bischofs an den Dom, bevor er sich in das Zisterzienserkloster von Sittichenbach zurückzog. Den überlieferten Urkunden läßt sich in einigen Fällen mit Sicherheit entnehmen, welche der bis heute erhaltenen byzantinischen Preziosen und Reliquien auf diese Schenkung zurückzuführen sind: die gefaßte Schädelreliquie des Herrenbruders Jakobus, die beiden gestickten eucharistischen Tücher, zum Schmuck von Prozessionsfahnen wiederverwendet, und wenigstens eines der drei Demetriosreliquiare des Domschatzes. Um andere Stücke, zum Beispiel Apostelreliquien und einen Finger des heiligen Nikolaus, wurde der Domschatz im Jahr 1225 auf Entscheid eines päpstlichen Legaten aus dem Nachlaß Konrads bereichert. Mit etwa einem Dutzend byzantinischer Arbeiten besitzt Halberstadt heute die reichste Sammlung dieser Provenienz in einem Kirchenschatz.

Eine weitere, bereits im 10. Jahrhundert erfolgte Schenkung von Kunstwerken aus Byzanz wird aus historischen Gründen mehr konstruiert als daß sie anhand von Quellen bewiesen werden könnte. Sie soll mit der Domweihe im Jahre 992 in Zusammenhang stehen, die, wie bereits erwähnt, in Anwesenheit Ottos III. – und anderer Angehöriger des Kaiserhauses wie seiner Großmutter Adelheid und seiner Tante Mathilde, der Äbtissin des Quedlinburger Damenstiftes – vollzogen wurde. Sein Vater Otto II. hatte 972 die byzantinische Prinzessin Theophanu geheiratet, und man vermutet sicher nicht zu Unrecht, daß diese in ihrem Brautschatz herausragende Kostbarkeiten aus ihrer Heimat mit sich führte. Ob jedoch tatsächlich einzelne Stücke aus diesem Brautschatz durch ihren Sohn nach Halberstadt kamen, läßt sich nicht beweisen, wird aber für die vielleicht noch im bzw. vor dem 10. Jahrhundert entstandenen byzantinischen Werke des Domschatzes gern in Anspruch genommen.

In der Schatzkammer, die – wie im folgenden Kapitel näher ausgeführt wird – als „Zither“ zur Aufbewahrung von Kostbarkeiten des Doms gedient haben muß, finden sich zahlreiche weitere Geräte des kirchlichen Gebrauchs, deren Herkunft aus den unterschiedlichsten Regionen Europas und des Orients die weitreichenden Handelswege des Mittelalters sowie den lebhaften Austausch von Geschenken dokumentiert. Unabhängig von ihrem Alter waren diese Geräte zeitgleich in Benutzung, besonders wertvolle Stücke sicher vor allem an hohen Festtagen, und viele gehen auf den frommen Eifer privater Stiftungen zurück. Alle diese Preziosen waren zwar in erster Linie zum Ruhme Gottes geschaffen oder wenigstens erworben worden, die reichen Materialien sollten die Erhabenheit des Herrn widerspiegeln, doch betrachtete man einen Kirchenschatz schon im Mittelalter auch recht nüchtern als Kapitalanlage bzw. Rücklage, die im Notfall veräußert werden konnte. So wurden in den Jahren 1344 und 1350 auch Stücke aus dem Domschatz vorübergehend verpfändet. Hauptaufgabe eines solchen Schatzes blieb allerdings die sakrale Funktion und Verwendung in der Liturgie. Die Aufsicht über die kostbaren „ornamenta ecclesiae" führte als Custos bzw. Thesaurarius einer der Domherren.

Neben vergoldeten Abendmahlskelchen und Patenen – sie waren zumeist gesonderter Altarbesitz – begegnen Hostiengefäße, Kreuze aus Silber, Bergkristall oder Zedernholz, Emailarbeiten aus Limoges und dem niedersächsischen Raum, ein Gießlöwe, seltene bemalte Holzschalen, Perlstickereien, ein Wärmapfel mit Lederhülle, Ringe und Rosenkränze und nicht zuletzt zwei Elfenbeinschnitzereien, die als Schmuck von Buchdeckeln verwendet wurden, darunter das älteste Stück des Domschatzes, ein spätantikes Konsulardiptychon aus dem Jahr 414. Von den Handschriften und Inkunabeln aus der einst hochberühmten Dombibliothek wie auch aus dem Privatbesitz einzelner Kleriker sind noch mehr als fünfzig Zeugnisse des 9. bis 16. Jahrhunderts erhalten geblieben – Bibeln, Evangeliare, Lektionare, Antiphonare, Missale, Breviere und historische Werke.

Das älteste Inventar des Domschatzes aus dem Jahr 1465 vermittelt einen hervorragenden Eindruck von den äußerst reichen Beständen der damaligen Sakristei. Die Reliquiare werden in dieser aufschlussreichen Quelle allerdings nicht genannt, da sie sich andernorts, zum Beispiel in den Schrankteilen einzelner Altäre, befunden haben dürften. Um wie viel umfangreicher würde der Schatz heute noch sein, wäre nicht durch Brand, Verschleppung oder Verkauf so manches Stück verlorengegangen, wie zum Beispiel ein vergoldetes Antependium, das Bischof Arnulf (996–1023) dem Dom nachweislich gestiftet hatte.

Der neue Kapitelsaal von 1514, über dem Nordflügel des Kreuzgangs gelegen, beherbergt seit mehr als 150 Jahren in seinen Nischen die – wenn auch nicht immer vollständig – erhaltenen Altarretabel des Domes. Solche spätgotischen Altaraufsätze scheinen sich im 13. und 14. Jahrhundert aus Reliquienschreinen entwickelt zu haben, mit denen sie die Plazierung auf dem Altartisch, der Mensa, und die Wandelbarkeit im Zeigen der Reliquien bzw. Bilder oder im Verschließen derselben, d. h. den Wechsel der Schauseite, gemeinsam haben. Der Flügelschrein wurde zum Bildaltar, die Predella zum Reliquiendepositorium, und das Programm der Darstellungen inszenierte das im Altar geborgene Heiltum. Im Domschatz sind es noch mehr als ein Dutzend Tafelbilder und Schnitzaltäre, die zumeist dem Ende des 15. und Anfang des 16. Jahrhunderts entstammen, also der Blütezeit des Bistums nach Vollendung des gotischen Kirchenbaus und vor der Reformation. Eines der ältesten und vielleicht das schönste Altarbild aus dem Dom ist die „Madonna mit der Korallenkette", das um 1420 für die Marienkapelle entstand. Auch einige andere Retabeln lassen sich mit Hilfe von schriftlichen Quellen noch den Altären des Domes zuordnen, zu denen sie ursprünglich gehörten. So hatte das große Kreuzigungsbild, das der niedersächsische Maler Hans Raphon 1508 fertigstellte, einst im nördlichen Seitenschiff seinen Platz.

Die Reformation war im Dom nicht mit einem Bildersturm verbunden gewesen, und so stellte sie für den Domschatz gleichsam einen Glücksfall dar. Man beließ die Altarbilder wie die mittelalterlichen Skulpturen auch nach dem Jahr 1591 an ihrem angestammten Ort, und selbst am Anfang des 19. Jahrhunderts, so belegen neuzeitliche Reiseberichte, Inventare und andere Beschreibungen des Domes recht anschaulich, muß der Innenraum der Bischofskirche noch einen nahezu getreuen Eindruck des Mittelalters vermittelt haben. Die Reformation hatte also das mittelalterliche Erbe gleichsam konserviert, während eine „Barockisierung" der Kirche, mit Ausnahme weniger Ausstattungsstücke, nicht stattfand.

Auch die beträchtliche Menge liturgischer Gewänder aus dem Besitz der Bischöfe und Domherren, noch heute etwa 90 an der Zahl, nahm durch die Reformation keinen Schaden. Sie entgingen vielmehr Umarbeitungen oder Verschleiß, da man sie zumeist nicht weiter benutzte, sondern in hölzernen Schränken und Truhen oder auch in der Schatzkammer hängend verwahrte. Die mittelalterlichen Kaseln, Dalmatiken und Pluviale kennzeichneten nicht nur Ämter bzw. liturgische Verrichtungen und spiegeln den vom Klerus getriebenen Luxus und Prunk, sondern geben auch einen umfassenden Überblick über die Entwicklungsgeschichte geistlicher Gewänder vom 11. bis zum 18. Jahrhundert. Die delikaten, mit aufwendigen Mustern versehenen Gewebe, oft Importwaren aus Italien oder Byzanz, lassen zudem die mittelalterliche Hochschätzung von Textilien als Kunstwerke und begehrte Handelsobjekte lebendig werden.

Die Wappen auf einigen Gewändern ermöglichen einen direkten Rückschluß auf ihre ursprünglichen Stifter oder Besitzer wie Erzbischof Ernst von Sachsen (1479–1513), der 1491 den gotischen Dom weihte, den schon genannten Dompropst und großzügigen Stifter Balthasar von Neuenstadt – von ihm blieb eine schwarze Samtkasel mit besonders plastischer Reliefstickerei erhalten – oder den berühmten Kardinal und Erzbischof Albrecht von Brandenburg (gest. 1545), Gegner der Reformation, Unterstützer des Tetzelschen Ablaßhandels und fanatischer Reliquiensammler.

Bis in die 30er Jahre des 20. Jahrhunderts blieben die herausragenden romanischen Bildwirkereien des Domschatzes – der Abrahamsteppich, der Christus-Apostel-Teppich und der Karlsteppich – im Gebrauch. Sie hingen wohl seit Beginn des 15. Jahrhunderts an den Rückwänden des Chorgestühls bzw. des Levitensitzes im Hohen Chor und sind wahrhaft einzigartige Zeugnisse der Textilkunst aus der Mitte des 12. bzw. 13. Jahrhunderts, die frühesten erhaltenen Bildteppiche ihrer Art überhaupt und allesamt beeindruckend durch ihre Farbigkeit wie die eindringliche Darstellungsweise. Die beiden Marienteppiche, die zunächst die Neuenstädter Kapelle und im 19. Jahrhundert auch kurzzeitig die Chorschranken hinter dem Hochaltar schmückten, datieren an den Anfang des 16. Jahrhunderts.

Zur Sammlung hoch- und spätmittelalterlicher Paramente gehören auch kleinere Teile der liturgischen Gewandung wie Mitren, Humerale, Stolen, Manipel und Handschuhe sowie gestickte Altar- oder Fastentücher, Antependien, Prozessionsfahnen, Marienmäntelchen, Bursen, Reliquienhüllen und andere kostbare Werke der Textilkunst, darunter zahlreiche Perlstickereien, die anscheinend vor allem im niedersächsischen Raum hergestellt wurden. Die Textilien bilden mit mehr als 300 Objekten eine der umfangreichsten und bedeutendsten Sammlungen der Welt, aus der sich nicht wenige Stücke durch besondere Seltenheit, hohes Alter oder erlesene Materialien bzw. außergewöhnliche Techniken auszeichnen.

Kapitelsaal

Zur Bestandsgeschichte und Verwahrung des Domschatzes vom Mittelalter bis zur Gegenwart

Hans-Joachim Krause

In seinem heutigen, durch die Jahrhunderte gewachsenen Bestand umfaßt der Domschatz Stücke von teilweise höchst unterschiedlicher Art, was nicht nur durch den differenzierten Gebrauch in der mittelalterlichen und nachmittelalterlichen Domliturgie, sondern ebenso durch ihre weit auseinanderliegende Entstehungszeit und z. T. auch durch die Herkunft aus einem anderen Zusammenhang bedingt ist. Denn: Die meisten Stücke stammen zwar aus dem Mittelalter, ein kleinerer Teil aber erst aus späterer Zeit – bis ins 18. Jahrhundert. Außerdem waren einige ursprünglich nicht Besitz des Doms, sondern hatten ihren Platz in anderen Halberstädter Kirchen. Dazu gehört vor allem eine Reihe von bedeutenden Ausstattungsstücken, die sich ehemals in der Kirche Unser Lieben Frauen befanden, z. B. die Sitzmadonna, der spätromanische Reliquienschrank, die Ablaßtafel, das gotische Marientabernakel und mehrere Altarbilder. Zu den ungewöhnlichen nachmittelalterlichen Stücken, die eher zufällig in den sakralen Schatzbestand geraten sind, zählen der Lehnstuhl und der Kurhut, die für die Huldigung des Großen Kurfürsten durch den Domklerus und die Landstände in Halberstadt 1650 angefertigt wurden.

In ihrer Herkunft und Zusammensetzung ungleichartig war auch die ehemalige Dombibliothek. Die heute vorhandenen, größtenteils illuminierten Handschriften, die Inkunabeln und die gedruckten Bücher des 16. und 17. Jahrhunderts stellen nur einen kleinen Teil der Buchbestände dar, die sich im Laufe der Jahrhunderte für den Gottesdienst im Dom sowie für den juristischen und theologischen Gebrauch in den gesonderten Bibliotheken der Domkapitulare und der Vikare sowie im Privatbesitz der Domgeistlichkeit angesammelt hatten. Der Hauptteil der handgeschriebenen und gedruckten Bücher, die bei der Auflösung des Domstifts 1810 noch vorhanden waren, wurde später – zusammen mit Handschriften und Büchern aus dem Stift Unser Lieben Frauen, dem Dominikaner- und dem Johannis-Kloster – in der Domgymnasialbibliothek aufbewahrt und ist mit dieser seit der Auslagerung im Zweiten Weltkrieg verschollen. Die meisten juristischen Schriften waren bereits im 19. Jahrhundert aus dem Bestand herausgelöst und in die Universitätsbibliothek nach Halle gebracht worden.

Was als ursprünglicher Dombesitz heute in Schatzkammer, Kapitelsaal und „Remter" verwahrt wird, war einst auf verschiedene, im Laufe der Zeit auch wechselnde Plätze und Räumlichkeiten im und am Dom verteilt. Nähere Kenntnis darüber gibt es freilich erst seit dem 15. Jahrhundert, als der gotische Chor und die südlich anschließenden Nebenräume, die sich als Teil der Stiftsklausur um die Nordostecke des Kreuzgangs gruppieren, baulich vollendet waren und genutzt werden konnten. Im Obergeschoß der Klausur hat sich dort – wie aus Hinweisen in Urkunden und anderen archivalischen Quellen hervorgeht – spätestens um 1410, vielleicht aber schon früher, die Sakristei befunden, damals als *armarium* oder auch *clausura*, später als „Zither" bezeichnet. In dieser Sakristei befanden sich außer dem „Schatz" (*thesaurus*), dem kirchlichen Gerät, auch Bücher und Urkunden sowie Paramente. Das älteste erhaltene Dominventar der „beweglichen Güter" des Halberstädter Domstifts, das *Inventarium mobilium bonorum ecclesie Halberstadensis* von 1465, gibt erstmals einen detaillierten Überblick über diesen Bestand und zählt die „Kostbarkeiten und Geräte" (*clenodia et utensilia*) einschließlich der in Schränken oder Laden untergebrachten liturgischen Kleidung, die für den täglichen Gottesdienst benötigten liturgischen Bücher und die vorhandenen theologischen und juristischen Schriften im einzelnen auf. Bereits der Umfang aller in diesem Verzeichnis aufgeführten Stücke und ihre Gruppierung legen eine Annahme nahe, die durch jüngere Nachrichten und Pläne aus der Zeit der Restaurierungen im 19. Jahrhundert bestätigt wird: Bei der seit dem frühen 16. Jahrhundert auch „Zither" genannten Sakristei muß es sich um mehrere, untereinander verbundene Räume gehandelt haben. Es waren dies die sog. Bischofskapelle mit dem hohen Kreuzrippengewölbe am Nordende des Klausur-Ostflügels, das westlich anschließende kleine Gemach mit seinem reichen zweijochigen Sterngewölbe und der tonnengewölbte Raum der jetzigen Schatzkammer, der an seiner östlichen Schmalseite durch eine (heute vermauerte) Tür von dem kleinen Gemach aus zu betreten war und auch an seiner Westseite von Anfang an ein Portal besessen hat. Erreichbar waren diese drei durch ihre Lage und die Einwölbung besonders gesicherten Sakristeiräume über den bis heute erhaltenen, gedeckten steinernen Treppengang, der vom südlichen Chorumgang in die sog. Bischofskapelle, den Hauptraum der Sakristei, führte, aber auch durch den Zugang von der südlichen Querhausempore. Die Aufsicht über den in diesen Räumen verwahrten „Schatz", die Paramente, Urkunden, das Archiv und die ebenfalls hier untergebrachten Reliquien bzw. Reliquiare führte – wie ein Kapiteldekret von 1413 zeigt – der Domkustos mit den sog. Schlüsselherren (*clavigeri*), zwei aus der Reihe der Kapitularen wechselnd bestellten Domherren.

Außer in der Sakristei befand sich eine beträchtliche Anzahl von heute im Domschatz befindlichen Stücken ursprünglich an ganz verschiedenen Orten im Kirchenraum, vor allem im Chor und an Nebenaltären. Das Inventar von 1465 belegt, daß eine Vielzahl von Handschriften ständig im Chorgestühl und auf den Lesepulten auslag bzw. im Schrankteil der Buchpulte untergebracht war, wo sie vor allem dem täglichen Stundengebet und der Feier der Messe dienten. Bei den meisten dieser Kodizes handelte es sich um Chorgesangbücher, wie Antiphonare, Graduale und Hymnare, und – in geringerer Zahl – für das Gebet und die Lesung bestimmte Bücher, insbesondere Psalter, aber auch Kollektare, Legendare und Breviere. Ein weiterer Aufbewahrungsort war der bereits erwähnte mächtige Heiltumsschrank, der auf dem rückwärtigen östlichen Teil der Mensa des Hochaltars stand. In dessen Fächern befand sich der nach mittelalterlicher Auffassung zu den außerordentlichen Kostbarkeiten der Kirche zählende Reliquienschatz, der weitgehend in unterschiedlich geformten, zumeist kunstvollen Behältnissen, den Reliquiaren, untergebracht war. Nur an festgelegten hohen Festtagen wurden die Flügeltüren und Klappen des Schreins, die im geschlossenen Zustand durch starke Eisenbänder gesichert waren, für die gnadenbringende Schau des Heiltums geöffnet.

Die Nebenaltäre besaßen oft einen eigenen „Ornat", auch „Kapelle" genannt, eine vollständige Priesterkleidung und textile

Altarausstattung zur Feier der Messe. Dazu gehörten die Kasel als Gewand des zelebrierenden Priesters, die Dalmatiken für Diakon und Subdiakon und – außer den zugehörigen Untergewändern (Alben), Schultertüchern (Humerale oder Amikt), Stolen, Manipeln und Gürteln – ein Chormantel (Pluviale) und selbstverständlich das an der Altarfront anzubringende Antependium und verschiedene am Altar gebrauchte Laken und Tücher. Nicht benutzt, dürften sie in der Sakristei untergebracht gewesen sein. Gesonderter Altarbesitz, der im oder neben dem Altar aufbewahrt wurde, war fast immer das liturgische Gerät – Kruzifixus, Kelch mit Patene und Meßglöckchen – und das Missale. Bezeugt ist dies z. B. für den Allerheiligen-Altar des Doms durch einen Meßbucheintrag aus dem Jahre 1493.

In gleicher Weise waren wohl auch der Altar der den Vikaren der Stephansbruderschaft zugewiesenen Kapelle „St. Stephanus am Kreuzgang" von 1417 und der Altar der von Dompropst Balthasar von Neuenstadt gestifteten Kapelle am Kreuzgang-Westflügel von 1503 versorgt. Verzeichnisse des Inventars beider Kapellen von 1811/12 erlauben den Schluß, daß sich die hier benötigten Gerätschaften und Paramente in den zugehörigen Räumen selbst befanden.

Im Ostteil des von Schranken umschlossenen Chors waren an den Wänden – unter Aussparung der Abschnitte hinter dem Hochaltar und des Sakramentsschranks – Teppiche (*tapetie*) aufgehängt, vielleicht schon nach der Errichtung bzw. Weihe des Chors im Jahre 1401, gewiß aber seit dem späteren 15. Jahrhundert, doch damals wohl auch nur zu bestimmten Zeiten oder an hohen Festtagen, wie es auch andernorts überliefert ist. Der Aufhängung dienten die noch heute vorhandenen, farbig gefaßten Holzleisten unter dem Fußgesims der abschließenden Maßwerkbrüstung. Welche „Tapeten" hier aufgehängt wurden, ist nicht überliefert. Vielleicht gehörte der Karlsteppich zusammen mit einigen anderen, kleineren Stücken dazu. Später hingen hier die beiden Teile des Marienteppichs, während die langen romanischen Bildteppiche als Rücklaken am Chorgestühl dienten.

Die im späten Mittelalter bestehende Ordnung und räumliche Unterbringung sowie der gottesdienstliche Gebrauch der heute zum Domschatz zählenden liturgischen und anderen künstlerisch gestalteten Ausstattungsstücke blieben im 16. Jahrhundert – trotz Eindringens des reformatorischen Gedankenguts – im Domstift erhalten. Und auch als Bischof Heinrich Julius von Braunschweig-Lüneburg-Wolfenbüttel, Administrator des Bistums Halberstadt, am 6. Juli 1591 die lutherische Lehre im Dom offiziell eingeführt hatte, kam es zu keiner einschneidenden Veränderung. Denn das Domstift wurde nicht aufgelöst, sondern bestand – bis 1648 sogar mit einem Bischof – als gemischtes Domkapitel in einer nunmehr aus Domherrn und Vikaren beider Bekenntnisse gebildeten Zusammensetzung weiter. Die Zahl der katholischen Geistlichen wurde in der Folgezeit aber kleiner. Sie besaßen zu Beginn des 19. Jahrhunderts, kurz bevor das Stift aufgehoben wurde, noch vier von 22 Kapitular-Präbenden und von den Domvikaren waren nur noch acht von 37 katholisch. Bis dahin wurden bestimmte katholische Kulthandlungen – wenn auch eingeschränkt – neben dem evangelischen Gemeindegottesdienst im Dom weiterhin gefeiert. Die anwesenden katholischen Domherrn, Vikare und Chorales versammelten sich noch täglich zum Stundengebet und feierten sonntags und an den Tagen der Hauptfeste die Messe. Dazu kamen die Feiern der Memorien und in den beiden Kapellen „am Kreuzgang" die Gottesdienste der dort installierten katholischen Klerikergemeinschaften. „In der Mitte der Kirche" hing weiter ein Ewiges Licht. Eigens für die katholische Nutzung im Halberstädter Dom erschien noch 1792 ein neues gedrucktes Brevier „gemäß dem alten Brauch" zusammen mit den Meßtexten „für die Hauptfeste und die Feier der einzelnen Sonntage". Nachweislich wurden bis ins 18. Jahrhundert auch neue Paramente – eine Reihe bis heute erhaltener Kaseln, Dalmatiken, Stolen und Manipel – und verschiedene Altargeräte beschafft. Für die evangelischen Domgeistlichen und den lutherischen Gottesdienst gab es den erforderlichen gesonderten, ebenfalls neuen Bestand an Gewändern und Gerät, der in zwei unter der südlichen Querhausempore gelegenen und in den Inventaren ebenfalls als „Cyther" aufgeführen Räumen untergebracht war. Diese evangelischen „Sakristeien der Prediger", die man wohl im 17. Jahrhundert eingebaut hatte, sind im Zuge der Restaurierung von 1856–68 entfernt worden. Seitdem befindet sich die Domsakristei in mehreren ebenerdigen Räumen zwischen den Strebepfeilern des südlichen Seitenschiffs und dem Kreuzgang-Nordflügel.

Der außergewöhnlichen Konstellation eines bis 1810 aus Angehörigen beider Konfessionen zusammengesetzten Halberstädter Domkapitels ist es zu verdanken, daß der im 16. Jahrhundert vorhandene mittelalterliche Kirchenschatz, der *ornatus ecclesiae*, in großem Umfang erhalten blieb. Soweit die Schriftquellen darüber Auskunft geben, ist der Schatz bis ins frühe 19. Jahrhundert reduzierenden Eingriffen – etwa durch Verarbeitung nicht mehr benötigter Paramente zu Decken, Auflegern oder Fußmatten oder durch Veräußerungen überflüssiger Vasa sacra, wie z. B. in Quedlinburg – nicht oder kaum ausgesetzt gewesen. Der größte Teil befand sich nach wie vor in den angestammten Räumen des „Zither" und wurde dort von den dafür verantwortlichen Domherrn unter bewahrendem strengem Verschluß gehalten. Obwohl der Küster Conrad Matthias Haber, der 1728 den ersten Domführer im Druck veröffentlichte, diesen „Allen curieusen Gemuethern und Liebhabern der Antiquitaet, sonderlich aber den Frembden, Auswaertigen und Reisenden" anbot und im Schlußkapitel des Bändchens auch einen kurzen Überblick gab, was „auf dem so genandten Cyther" an „Reliquien ... Heil. Geräthen und andern Preziosis" sowie an „Geistl. Habiten und Chor-Kleidern" zu sehen sei, bleibt dennoch fraglich, ob man sie damals allgemein zu Gesicht bekam. Der Oberdomprediger Christian Friedrich Bernhard Augustin berichtete später jedenfalls, daß es selbst ihm erst 1811, und zwar nach elfjährigen intensiven Bemühungen, gelungen sei, die in der Schatzkammer „aufbewahrten Reliquien und alterthümlichen Kostbarkeiten" zu besichtigen – freilich nunmehr auch begünstigt durch die gerade entstandene, verfassungsrechtlich und damit auch für das Kircheninventar grundlegend neue Situation.

Am 1. Dezember 1810 war das Domkapitel im Zuge der Säkularisierung der im deutschen Reich noch vorhandenen geistlichen Stifte durch Dekret der Regierung des Königs von Westfalen aufgelöst worden. Die damit auch in Halberstadt drohende Gefahr der Einziehung des beweglichen Dombesitzes – der Ausstattung einschließlich des Schatzes – durch den Staat konnte nur durch den engagierten persönlichen Einsatz der beiden Domprediger, Johann Justus Christian Grahn und C. F. B. Augustin, abgewendet werden. Mit dem Hinweis, daß es sich um „schätzbare Denkmäler des Alterthums" handele, die „an dem Orte aufbewahrt zu werden verdienen, welchem sie ihren Ursprung verdanken und wo sie allein einen Werth haben", und aufgrund einer Intervention bei König

Jérôme selbst erreichten beide schließlich, daß dieser dem Verbleib des gesamten Schatzes im Dom zustimmte. Die nach dieser Entscheidung einsetzenden Bemühungen um seine Erhaltung, Neuordnung und räumlich verbesserte Unterbringung sind nicht nur als lokaler Vorgang, sondern natürlich auch als ein Ausdruck des seit Beginn des 19. Jahrhunderts verstärkten historischen Interesses an den Denkmalen der „vaterländischen Vergangenheit", insbesondere des Mittelalters zu verstehen. Treibende Kraft war vor allem der den Zeitgenossen nicht nur als gelehrter Theologe, sondern ebenso als tatkräftiger Förderer und Mittelpunkt zahlreicher „Bestrebungen für die Geschichte und Altertumskunde von Halberstadt" bekannte Domprediger Augustin. Auf seine Veranlassung wurden die noch auf den Seitenaltären aufgestellten gemalten Retabel und alle kleineren Bildwerke aus dem Dom herausgenommen und geborgen. Auch die im Chor noch ausliegenden Handschriften und Bücher wurden gesammelt, während die an den Wänden und im Gestühl des Chors aufgehängten Teppiche und alle für den Gottesdienst weiterhin benötigten Gerätschaften an ihrem Platz verblieben. Eine beträchtliche Mehrung des Schatzes „von außen" erreichte Augustin 1832/33 durch die Übernahme einer ganzen Reihe von Ausstattungsstücken aus der damals ungenutzten und baufälligen Kirche Unser Lieben Frauen zur künftigen Verwahrung im Dom. Auch Werke aus anderen Kirchen rettete er vor dem Verlust.

Das meiste fand in dem weiträumigen spätgotischen Kapitelsaal Aufstellung, der – nach Abgabe aller Urkunden und Akten des dort bis 1823 untergebrachten Domarchivs an die inzwischen zuständigen Hauptarchive in Berlin und Magdeburg – in den 1830er Jahren für die Aufnahme der zahlreichen Ausstattungsstücke hergerichtet wurde. Bereits 1832 und 1834 konnte der Kunsthistoriker Franz Kugler hier verschiedene Gemälde aus dem Dom für seine Studien zur deutschen Malerei betrachten, etwa die „Madonna mit der Korallenkette", die vorher als Retabel in der Marienkapelle stand, und den großen Flügelalter aus dem nördlichen Seitenschiff von Hans Raphon. Beide hatte Johann Gustav Gottlieb Büsching, Professor für deutsche Altertumskunde in Breslau, 1817 noch an ihrem angestammten Platz gesehen. Augustin zeigte Kugler außerdem „die in dem Citer noch befindlichen Domschätze".

Bald danach erfuhren auch die alten Sakristeiräume eine Umgestaltung. Der von der südlichen Querhausempore aus zugängliche tonnengewölbte Raum wurde zur „Aufbewahrung der alten liturgischen Gewänder, Altardecken usw. ... in chronologischer Ordnung" hergerichtet, während das anschließende „Gemach" weiter der Unterbringung der anderen bislang streng gehüteten „Stiftsaltertümer" diente. Die von Augustin zusammen mit dem österreichischen Kunsthistoriker Eduard Melly geplante erste große Veröffentlichung über den Halberstädter Domschatz kam infolge des Todes beider nicht zustande. Die damals als „Domkirchenschatz" zusammengeführten Gegenstände sind aber 1856 von Carl Elis in einem ausführlichen, handschriftlichen Verzeichnis erfaßt worden, dem ersten den Bestand genauer beschreibenden „Inventar" überhaupt. Es enthält, nach Sachgruppen geordnet, 374 Stücke und zusätzlich 39 Handschriften, Inkunabeln und gedruckte Bücher des 16. und 17. Jahrhunderts, die einesteils „aus dem hohen Chore" stammten, wo sie vorher „zum Chorgebrauch aufgeschichtet lagen", andernteils aus der ehemaligen Bibliothek der Vikare.

Bereits wenige Jahre später kam es, bedingt durch die Abtrennung des tonnengewölbten Schatzraums von den beiden anderen, künftig für Pfarrzwecke genutzten Räumen des ursprünglichen „Zither", zu einer Umgruppierung der Domschatzsammlung. Das dann 1865/66 von Friedrich Gottfried Hermann Lucanus – dem Apotheker, Restaurator und Mitbegründer des Halberstädter Kunstvereins, zu dieser Zeit auch „Custos der Domschätze" – nach Standorten aufgestellte Inventar verzeichnete den Bestand schon „nach der neuen Anordnung" in nur noch zwei Räumen: Während in der „Domschatzkammer" die Kirchen- und Altargeräte, Reliquiare und anderen Preziosen in drei Schränken verwahrt wurden, wo auch ein paar Kirchenfahnen und Altarbekleidungen frei aufgehängt waren, wurden im Kapitelsaal, in dem sich weiterhin die Flügelaltäre, Gemälde, Bildwerke und auch der romanische Schrank befanden, nunmehr in zehn Schränken alle Paramente zusammen mit einigen wenigen liturgischen Geräten untergebracht. Hatte Elis sich noch mit einer knappen Beschreibung der Stücke begnügt, so vermerkte Lucanus – wo es ihm möglich war – auch eine Datierung und den früheren Standort bzw. die Herkunft.

Kurz nachdem der Domküster Friedrich Wilhelm Hermann Teitge sein Amt angetreten hatte, legte er 1873 ein neues „Verzeichnis der sämmtlichen Gegenstände des Domkirchenschatzes" an, das grundsätzlich dem Inventar von Lucanus folgte, jedoch dieses teilweise wieder umgruppierte und durch eine Reihe von Nachträgen erweiterte. Durchgehend neu numeriert, wurde diese Bestandsübersicht mit den Inventar-Nummern 1 bis 433 von nun an verbindlich und später lediglich fortgeschrieben. Sie bildete zusammen mit den Aufstellungen von Gustav Nebe (vor 1889), Ernst Theodor Hermes (1896) und insbesondere Oskar Doering (1902) dann die Grundlage für den ersten, 1909 unternommenen Versuch einer kunstgeschichtlichen Bestimmung aller Stücke durch den damals gerade zum Direktor des Kölner Kunstgewerbemuseums berufenen Kenner mittelalterlichen Kunsthandwerks Max Creutz, dessen Verzeichnis aber wie die älteren Inventare ungedruckt blieb. Auch die mit der weiteren Vervollständigung verbundenen, in den 1930er Jahren vom damaligen Kustos am Berliner Schloßmuseum Erich Meyer und zwischen 1958 und 1980 von Friedrich Bellmann, dem Denkmalpfleger und langjährigem wissenschaftlichen Betreuer des Domschatzes nach dem Zweiten Weltkrieg, auf der inzwischen wissenschaftlich sehr viel breiteren Basis unternommenen Arbeiten an einem den gewachsenen Anforderungen entsprechenden, vollständigen Inventar kamen nicht zum Abschluß.

Die Katalogisierung von M. Creutz stand auch im Zusammenhang mit den im ausgehenden 19. Jahrhundert einsetzenden Bemühungen staatlicher Stellen, der preußischen Regierung und des Konservators der Denkmäler in Preußen, gemeinsam mit der Domgemeinde den Domschatz endlich der Allgemeinheit zu öffnen. Bislang nur einem Kreis von Eingeweihten bekannt, waren Schatzkammer und Kapitelsaal – wie früher der „Zither" – für die Öffentlichkeit aus unterschiedlichen Gründen (fast) unzugänglich. Zu den ersten Aufgaben des 1893 berufenen Konservators für die Provinz Sachsen, Emil Theuner, gehörte es daher, sich des Halberstädter Domschatzes anzunehmen und „dessen nach allen Richtungen des kirchlichen Kunstgewerbes hin ganz erstaunliche Fülle an hervorragenden Stücken aus ihrer Verborgenheit ans Licht zu bringen, der Allgemeinheit sichtbar und für unser eigenes Kunstgewerbe nutzbar zu machen". Hinzu kam selbstverständlich die künftige Wahrnehmung konservatorischer und restauratorischer Belange. Die Publikationen von Superintendent und Oberdomprediger E. Hermes 1896 und – dem Nachfolger E. Theuners – Provinzialkonservator O. Doering 1902 vermittelten erstmals in gedruckter

Form einen Eindruck von dem außerordentlichen Umfang und der Vielfalt der „Domsammlung". Fast gleichzeitig setzte eine über das historisch-antiquarische Interesse des 19. Jahrhunderts weit hinausgehende kunstgeschichtliche Forschung zu einer Reihe von Einzelwerken des Domschatzes ein, vornehmlich zu den großen Teppichen, die noch immer im Chor hingen, zu verschiedenen Elfenbeinarbeiten und auch zur Gruppe der Paramente, deren herausragende Bedeutung zunehmend Beachtung fand. In den Bemühungen um die Lösung der Probleme, wie mit dem Domschatz als Sammlung künftig umzugehen, wie seine inzwischen als unzulänglich angesehene Unterbringung abzuändern und dabei eine auch den gewachsenen konservatorischen Anforderungen entsprechende neue räumliche Aufstellung vorzunehmen sei, kam man trotz jahrelanger Diskussionen aller Beteiligten aber nur langsam voran. Erst 1921 konnten die durch den Ersten Weltkrieg unterbrochenen Verhandlungen wieder aufgenommen und die beschlossenen Maßnahmen seit 1926 in die Tat umgesetzt werden. Die Durchführung war weiterhin Aufgabe der Denkmalpflege und stand somit auch weiter unter der Leitung des Provinzialkonservators, zunächst Max Ohles, dann Hermann Giesaus. Die inhaltliche Konzeption übernahm Erich Meyer.

Entscheidend für die Neugestaltung wurde die räumliche Ausweitung durch Einbeziehung des „Remterraums" im Westflügel der ehemaligen Domklausur, und zwar des Raums im ersten Obergeschoß, der an den großen spätgotischen Kapitelsaal unmittelbar anschließt und der bis dahin Schulzwecken gedient hatte. In seiner vollen Größe und mit feuerfester Decke zum Ausstellungsraum hergerichtet, nahm der „Remter" nun ausgewählte Stücke aus dem kostbaren Bestand der mittelalterlichen Ornate und Altarbekleidungen auf, die in ihrer Vielseitigkeit „die Entwicklung der geistlichen Gewandung vom 12. Jahrhundert bis zur Reformation" und zugleich „die Leistungsfähigkeit der mittelalterlichen Weberei und Stickerei" vor Augen führen sollten. Wichtige Akzente zwischen den Textilien waren außer einigen wenigen Bildwerken der einzigartige romanische Schrank und der große Flügelaltar von Hans Raphon.

Im Kapitelsaal kamen – nach Entfernen der schweren neugotischen Paramentenschränke – die verbliebenen Werke der Malerei und Skulptur in neuer Ordnung an den Wänden der von den weit vortretenden Domstrebepfeilern gebildeten Nischen oder frei im Raum aufgestellt ungleich besser als zuvor zur Geltung. Auch der Karlsteppich erhielt jetzt im Kapitelsaal seinen Platz. Die besonders kostbaren Stücke der Schatzkammer, die kunsthandwerklichen Pretiosen, blieben an ihrem bisherigen Ort, in dem tonnengewölbten Raum östlich der südlichen Querhausempore. Aber statt dort nur „kunstvoll in einem einzigen Schrank verstaut" zu sein – denn man hatte offenbar schon vor dem Ersten Weltkrieg den früher über drei Schränke verteilten Inhalt in einem Schrank zusammengezogen –, fanden sie jetzt eine übersichtlich gegliederte Aufstellung in eigens dafür geschaffenen, umlaufend in die Wände eingelassenen Vitrinen. Eine wichtige Bereicherung der Schatzkammer bildeten die z. T. illuminierten Handschriften, die aus der Bibliothek des Domgymnasiums übernommen werden konnten und den vorhandenen, teilweise ausgestellten Buchbestand vorzüglich ergänzten.

Der schlechte Erhaltungszustand vieler Objekte verlangte noch vor ihrer Ausstellung in den eigens dafür hergerichteten Räumen

dringend eine konservatorische Behandlung. Sie kam – zunächst wegen der übrigen Arbeiten immer wieder hinausgeschoben – nunmehr in größerem Umfang in Gang. In der gerade eingerichteten Werkstatt des Provinzialkonservators in Halle hatte man sich schon seit 1926 der Sicherung und Restaurierung verschiedener Altar- und Schnitzwerke angenommen und 1932–34 auch den romanischen Schrank instand gesetzt. Außerdem wurden Restauratoren in Halberstadt tätig. In Berlin arbeiteten in der Werkstatt des Schloßmuseums Textilrestauratorinnen an der „Wiederherstellung" besonders gefährdeter Textilien, zunächst des Karlsteppichs (1930) und der wertvollsten Paramente. Daran schloß sich die Instandsetzung der vorerst für den weiteren Verbleib im Chor bestimmten großen Teppiche des 12. Jahrhunderts und schließlich der beiden Marienteppiche an. Am 9. Mai 1936 konnte das „Dommuseum" nach Abschluß aller erforderlichen Maßnahmen eröffnet und der Domschatz damit erstmals in seiner langen Geschichte in großem Umfang der Allgemeinheit zugänglich gemacht werden. Mit dem Ausbau des „Remters" und seines „Vorraums", der wie von einer Empore Einblick in die Neuenstädter Kapelle gewährte, war man bereits 1935 fertiggeworden.

Den Zweiten Weltkrieg überstand der Domschatz nahezu unbeschadet, da man ihn größtenteils rechtzeitig evakuiert hatte. Die Auslagerung wurde seit Sommer 1942 vom Domgemeindekirchenrat nach genauen Festlegungen des Provinzialkonservators sorgfältig vorbereitet, so daß die zumeist in Kisten verpackten Stücke des Schatzes noch im Herbst des gleichen Jahres zunächst in Tresore mehrerer Halberstädter Banken und in Kellerräume des Dombereichs sowie in verschiedene kleinere Orte nahe Halberstadt verbracht werden konnten. Diese Bergungsorte wurden aber später – auch angesichts der zunehmenden Gefahr von Luftangriffen – als unzureichend und nicht mehr sicher genug eingeschätzt. Deshalb sah sich die Denkmalpflege schließlich 1944 genötigt, alle Kisten wieder zusammenzuführen und in einer der Höhlen der Altenburg bei Quedlinburg unterzubringen, wo bereits der Quedlinburger Stiftsschatz eingelagert war. Neue Gefahr drohte dort, als bald nach Kriegsende die amerikanischen Besatzungstruppen nach dem Schatz fahndeten. Der Zugriff konnte abgewendet werden, als es auf abenteuerliche Weise gelang, die Kisten unbemerkt abzuholen und in einem Turmraum der Quedlinburger Marktkirche St. Benedikti zu verstecken. Erst „nach und nach wurden in den folgenden Jahren die ausgelagerten Stücke zurückgeholt" und, soweit nötig und unter den schwierigen Bedingungen der Nachkriegszeit möglich, auch konservatorisch gesichert.

Bei dem Luftangriff auf Halberstadt im April 1945 hatte mit dem Dom auch der Kapitelsaal durch die Zerstörung des virtuos konstruierten spätgotischen Gewölbes schwersten Schaden erlitten. Erst zehn Jahre nach Kriegsende, nachdem die notwendigsten Reparatur- und Sicherungsmaßnahmen durchgeführt waren, konnte der Wiederaufbau des „Dommuseums" beschlossen werden. Zunächst wurde im Kapitelsaal anstelle des verlorenen Gewölbes eine Massivdecke eingezogen und der vorher als ein durchgehender Raum genutzte „Remter" durch neue Zwischenwände in mehrere kleinere Ausstellungsräume unterteilt. Im Jahre 1957 begannen die Arbeiten der erneuten Einrichtung. Die Verantwortung und Durchführung lagen wiederum bei der Denkmalpflege, als Aufgabe jetzt unmittelbar wahrgenommen vom Institut für Denkmalpflege Halle unter der Leitung von Landeskonservator Wolf Schubert. Von den Mitarbeitern des Amts erwarben sich Friedrich Bellmann als Kunsthistoriker und Konrad Riemann als Restaurator bei der Einrichtung wie auch bei der späteren Betreuung besondere Verdienste. Grundlegendes denkmalpflegerisches Anliegen war es, die Schätze zwar „wirkungsvoll, aber unaufdringlich" wieder „zur Schau zu stellen". Dafür wurden gegenüber der prinzipiell beibehaltenen Konzeption von 1936 nur wenige Veränderungen, vor allem im „Remter", vorgenommen. Die Paramente fanden hier in neuer Anordnung ihren Platz in großen, wandfüllenden Schrankvitrinen der beiden eigens dafür geschaffenen kleineren Kabinette, die sich unmittelbar an den Kapitelsaal anschließen. Im größeren „Remterraum" wurden jetzt – statt wieder im Chor, was konservatorische Gründe verboten – die romanischen Bildteppiche in einem einprägsamen Arrangement mit dem romanischen Schrank und der Sitzmadonna aus der Halberstädter Liebfrauenkirche sowie weiteren Zimelien ausgestellt. Die Aufstellungen im Kapitelsaal und in der – mit den beibehaltenen Wandvitrinen – unveränderten Schatzkammer folgten im wesentlichen der Disposition von 1936. In dieser Gestalt, die viel Zustimmung gefunden hat, wurde der Domschatz am 4. Juli 1959 für die Besucher wieder eröffnet.

Schatzkammer

S. 30: Glasmalereien aus dem 14. Jahrhundert in der Scheitelkapelle St. Marien im Chorumgang.

AUSGEWÄHLTE

KOSTBARKEITEN

AUS DEM DOMSCHATZ

Konsulardiptychon

Inv.-Nr. 45
414 n. Chr.
Elfenbein
Höhe: 27,5 cm

Das älteste Stück des Domschatzes ist ein spätantikes Elfenbeindiptychon, das sich vielleicht schon seit ottonischer Zeit in Halberstadt befindet und im Mittelalter als Buchdeckel für ein Antiphonar des 13. Jahrhunderts wiederverwendet wurde. Ursprünglich hatte es einen ganz profanen Verwendungszweck, der sich aus der Form und den Darstellungen erschließen läßt.

Ein Diptychon, normalerweise aus Holz hergestellt, war ein antiker Gebrauchsgegenstand aus zwei zusammenhängenden Täfelchen mit einer Vertiefung im Inneren, die mit Wachs gefüllt wurde, um Notizen und Mitteilungen einritzen zu können. Zu bestimmten Anlässen wurden solche Schreibtafeln als Luxusgeschenke produziert, dann wählte man als Material kostbaren Elefantenzahn und schmückte sie mit bildlichen Darstellungen. Das Halberstädter Stück gehört zu den sogenannten Konsulardiptychen, wie ein römischer Konsul sie bei seinem Amtsantritt zu verschenken pflegte. Diese Tradition ist seit der 2. Hälfte des 4. Jahrhunderts belegt, Beispiele sind vom Anfang des 5. bis zur Mitte des 6. Jahrhunderts erhalten geblieben. Es läßt sich zeigen, daß die beiden Halberstädter Elfenbeintafeln für den späteren Kaiser Constantius III. gemacht wurden, der insgesamt dreimal ein Amt als Konsul übernahm. Historische Gründe sprechen in Zusammenhang mit der Interpretation der Darstellungen für eine Datierung der Tafeln in Verbindung mit seinem ersten Konsulat im Jahr 414.

Der Auftraggeber erscheint, von Beamten flankiert, auf beiden Tafeln, jeweils im Zentrum des großen Bildfeldes, aber in unterschiedlicher Amtstracht: links im Feldherrnmantel, seinem Dienstkostüm, rechts im Prunkgewand, das er zu den von ihm zu veranstaltenden Spielen anlegte. Mit einem Signaltuch, der Mappa, in seiner Rechten konnte er das Zeichen zum Start des Wagenrennens geben. Im Register darunter sind besiegte Barbaren versammelt: lagernde Familien, eine Mutter, die ihr Kind stillt, ein gefesselter Mann, ein Krieger, der seinen Schild niederlegt. Im oberen Register erkennt man auf beiden Tafeln eine Thronszene mit den amtierenden Kaisern, Honorius und Theodosius II. – das römische Reich war seit Ende des 3. Jahrhunderts in eine Osthälfte mit Konstantinopel und eine Westhälfte mit Rom, später Ravenna, als Residenz geteilt. Hinter den Regenten steht die Prinzessin Galla Placidia, die spätere Gattin des Constantius, neben ihnen sitzen Frauengestalten, welche als Personifikationen die beiden Hauptstädte verkörpern, und Thronwächter flankieren die Darstellung.

Die beiden Elfenbeinschnitzereien wurden bei ihrer Umarbeitung vertauscht, denn die eigentlich auf dem inneren Rand angebrachten Scharnierlöcher sind nun auf den Außenseiten der durch häufige Benutzung abgegriffenen Tafeln zu finden, und eine am oberen Rand befindliche Inschrift wurde abgesägt. Das Diptychon war sicher einst bemalt, wie man anhand vergleichbarer Stücke vermuten kann.

J.

Evangeliar des Schreibers Bernig

Inv.-Nr. 467 (Schmidt, Handschriften Nr. 46)
2. bis 3. Viertel des 9. Jahrhunderts
Pergament, Deckfarbenmalerei und lavierte Federzeichnungen, 163 Blätter
Höhe: ca. 29,5 cm, Breite: 21,5 cm
lateinischer Text, 27–28-zeilig, in karolingischen Minuskeln, rubriziert
Einband: weißgegerbtes Leder auf Holz, darüber ehemals Purpurseide

Der karolingische Kodex, der wie alle mittelalterlichen Evangelienbücher die ungekürzten Texte der vier Evangelien für die Lesungen in der Messe enthält, beginnt mit den beiden Briefen des hl. Hieronymus *Plures fuisse* und *Novum opus*, denen auf 16 Tafeln die zehn Kanones folgen. Den Hauptteil bilden die Texte der vier Evangelien mit ihren Prologen, und am Schluß steht das Verzeichnis der innerhalb des Kirchenjahrs zu lesenden Textstellen, der Perikopen, hier als *Breviarius lectionum evangeliorum* bezeichnet und mit dem Vermerk endend: „Dies (Buch) hat Bernig geschrieben", ein Schreibmeister, von dem sonst nichts bekannt ist.

Künstlerisch ausgestattet sind in dieser Handschrift nur die Kanontafeln und die Initialen jeweils zu Beginn der vier Evangelien, während die sonst den Berichten vorangestellten figürlichen Darstellungen der Evangelisten, die sog. Autorenbilder, fehlen. Bei den Kanontafeln handelt es sich um eine tabellarisch geordnete Konkordanz aller Parallelstellen der Evangelien, wie sie in der Spätantike durch Bischof Eusebius von Caesarea (um 330) aufkamen und bis ins 12. Jahrhundert in Gebrauch waren. Diese Kanones sind hier auf jeder Seite von einer buntfarbigen Rahmung eingefaßt, die als rundbogige Arkatur mit vier oder fünf Säulen und einem übergreifenden Bogen gebildet ist.

Von den Anfangsseiten der vier Evangelien mit den Zierinitialen ist jede anders gestaltet, am eindrucksvollsten die des Markus-Evangeliums (Bl. 58r), dessen hohes „J" am linken Seitenrand sich mit dem nach rechts folgenden, in einer farbig ausgelegten Capitalis geschriebenen Text des *Initium evangelii I(e)h(s)u Chr(ist)i* und den unzialen Zeilen darüber und darunter zu einem klassisch klaren und ausgewogenen Schriftbild zusammenschließt. Die schwarz konturierte Binnenfläche der vier Zierinitialen umzieht jeweils außen eine zarte Punktbordüre, innen ist sie in wechselnder ornamentaler Zusammensetzung flächig gefüllt, und an den Enden läuft sie in den Köpfen phantasievoller tiergestaltiger Gebilde aus. Mit dieser stark an irisch-angelsächsischen Vorlagen orientierten Gestaltungsweise gehört das Evangeliar zu einer Gruppe franko-sächsischer Handschriften des 9. Jahrhunderts. Als Entstehungsort nahm man ein nordfranzösisches Kloster (St-Amand?) an, neuerdings denkt man aber auch an die Reichsabtei Fulda.

Die Bernig-Handschrift ist alter Halberstädter Dombesitz und wohl mit dem im Inventar von 1465 genannten *evangeliarium* zu identifizieren, das sich damals *in armario* (Schatzkammer) befand. Sie könnte auch mit jenem kostbar geschmückten Kodex identisch sein, der zur Zeit Bischof Haimos (840–853) – nach chronikalischer Überlieferung als Geschenk König Ludwigs des Deutschen (?) – in die Kathedrale von Halberstadt gelangte. Der gebürtige Angelsachse Haimo, zuvor Mönch im Kloster Hersfeld, war ein Schüler Alkuins und befreundet mit Hrabanus Maurus. Als gelehrter Theologe seiner Zeit hoch geachtet, gilt er zudem als Gründer der Halberstädter Dombibliothek.

K.

Kanontafel Bl. 9r

·I·
II
·CIII·
·LXX·

INCIPIT EUANGE
LIUM · SECUN
DUM MARCUM

INITIU
EUAN
GELII
IHU XPI
FILII DI · SICUT
SCRIPTUM EST IN
ESAIA PROPHETA

Byzantinische Elfenbeintafeln

Inv.-Nr. 59 a, b
10. Jahrhundert
Elfenbein
Höhe: 25,4 cm

Aus Byzanz stammen zwei zusammengehörige Elfenbeintafeln, die ein Diptychon bilden. Große Lebensbaumkreuze mit geschweiften Balken, die drei oberen an ihren Enden mit Rosetten geschmückt, dominieren die Dekoration. Im Schnittpunkt der Kreuzbalken sind in Medaillons die Brustbilder der Gottesmutter Maria und Christi zu erkennen. Als Pantokrator, Allherrscher, ist Christus mit einem perlgesäumten Kreuznimbus ausgezeichnet. Am unteren Rand, ebenfalls in Medaillons eingebracht, begegnen die Brustbilder des Apostels Thomas und des alttestamentlichen Königs David. Alle Darstellungen sind mit Namensbeischriften versehen, eine weitere griechische Inschrift unter den Querbalken der beiden Kreuze verkündet: NIKA – Sieg. Sie spielt auf das schon frühchristliche Verständnis der Kreuzigung Christi als Triumph über den Tod an. Das Kreuz selbst wurde, seit dem legendären Schlachtengewinn Kaiser Konstantins über seinen Rivalen Maxentius (312) unter diesem Zeichen, als Siegessymbol betrachtet.

Das Bildprogramm könnte zunächst darauf schließen lassen, daß die beiden Elfenbeintafeln nur Teile eines nicht erhaltenen größeren Ensembles sind, das eine Deesiskomposition bildete. Zu einer solchen Fürbittegruppe, im 10. Jahrhundert besonders verbreitet, gehörten Christus, in zentraler Position, und, als Interzessoren, Fürbitter, ihn flankierend, Maria und Johannes der Täufer. Seit dem 6. Jahrhundert bestand die Vorstellung, diese vermöchten gleichsam als Anwälte vor Gott für die Gläubigen eintreten. Auf späteren Bildwerken können zahlreiche zusätzliche Personen wie Apostel, Heilige und Engel die Komposition erweitern. Ende des 10. Jahrhunderts kommt eine reduzierte Form der Darstellung mit Rundbildern statt Ganzfiguren in Mode.

Nach der Idee einer unvollständigen Deesis würde es sich bei den Elfenbeinschnitzereien um Teile eines mehrere Meter langen Ikonostasebalkens gehandelt haben. Spuren alter, ursprünglicher Scharnierlöcher belegen jedoch die Funktion als kirchliches Diptychon, so daß die durchaus richtigen Beobachtungen zum Bildprogramm nur einen Rückschluß auf die Vorlage für die Tafeln ermöglichen.

Die Halberstädter Stücke gehören in den Umkreis der sogenannten Romanos-Gruppe, d. h. Elfenbeinschnitzereien, die im 10. Jahrhundert in einer höfischen Werkstatt in Konstantinopel entstanden. Wann und wie die abgegriffenen, noch Spuren von Bemalung zeigenden Tafeln in den Domschatz gelangten, läßt sich nicht sagen, obschon sie gern für die hypothetische ottonische Schenkung aus dem Brautschatz der Theophanu im Jahr 992 in Anspruch genommen werden. In sechs Stücke zersägt, um wegen der Kostbarkeit des Materials zwei Reliquienkästchen zu schmücken, wurden sie 1887 in der heutigen Form wieder zusammengesetzt.

J.

Demetrios-Reliquiar

Inv.-Nr. 16 a
10./11. Jahrhundert
Silber, vergoldet, Email Cloisonné
Höhe: 4,7 cm, Breite: 3,0 cm, Tiefe: 1,5 cm

Im Domschatz befinden sich drei kleine byzantinische Reliquienbehältnisse aus Silber, die dem heiligen Demetrios gewidmet sind. Eines von ihnen ist diese mit kostbarem Goldemail versehene Arbeit, ein Kapselreliquiar, das man an einer Kette als Phylakterion, Schutzmittel, um den Hals tragen konnte. Auf dem Deckel der Vorderseite wird Demetrios selbst dargestellt, als Soldatenheiliger in Tunika und Chlamys, das antike militärische bzw. höfische Dienstkostüm, gekleidet. Das Kreuz in seiner rechten Hand kennzeichnet ihn als Märtyrer, die griechische Beischrift nennt seinen Namen. Auf der Rückseite des Reliquiars ist Nestor, sein Schüler und Gefährte, abgebildet. Demetrios war als Stadtpatron von Thessaloniki einer der bedeutendsten Heiligen der Ostkirche, er galt als Retter der griechischen Metropole vor den Slawen, und die ihm gewidmete Basilika gehörte seit dem 5. Jahrhundert zu den herausragenden Wallfahrtszentren des Reiches.

Nur wenige, d. h. nicht mehr als acht der einstmals dort zu erwerbenden Reliquiare sind heute noch erhalten, die meisten in ganz ähnlicher Gestaltung. Öffnet man den Deckel der Vorderseite, ist im Inneren unten hinter einem kleinen Fenster ein Hohlraum zur Aufbewahrung der Reliquie zu erkennen. Diese war ein Tüchlein, getränkt mit Myron, heiligem Öl, das zusammen mit dem Blut des Demetrios aus einer Seitenwunde des Leichnams geflossen sein sollte. Darüber befindet sich ein Fensterchen mit einem plastischen Brustbild des toten Heiligen. Gleichzeitig fungierte das Behältnis als Fläschchen, denn es konnte an der Aufhängevorrichtung aufgeschraubt werden und somit auch direkt das flüssige Myron aufnehmen.

Die Demetrios-Reliquiare sind vermutlich Spiegelbild des Grabmals des Heiligen. Dieses war zwar ein Kenotaph, der Leichnam war in Illyrien auf dem Balkan bestattet worden, lange bevor der Kult des Demetrios nach Thessaloniki wanderte, doch seit dem 10. Jahrhundert berichteten Pilger von Visionen des unverwesten Körpers des Heiligen in dem leeren Grab.

Emailarbeiten spielten seit dem 10. Jahrhundert eine wichtige Rolle in der byzantinischen Kunst, ihre Kostbarkeit ließ sie für die kirchliche Repräsentation besonders geeignet erscheinen. Technisch handelt es sich um Zellenschmelz, d. h. farbiger Glasfluß wird zwischen dünnen Metallstegen, welche die Konturen bilden, als Dekor auf einen metallenen Untergrund aufgetragen, geschliffen und poliert. Da immer nur eine Farbe in jeder Zelle erscheinen kann, sind solche Darstellungen immer zeichnerisch, flächig und ornamental, doch werden durch bewußte Kontrastierung der Farben sehr reizvolle ästhetische Effekte erzielt.

Wahrscheinlich gab es eine höfische Werkstatt in Konstantinopel, in der auch das Halberstädter Stück im späten 10. oder frühen 11. Jahrhundert entstand. Wegen der fortgeschrittenen Stilisierung der Darstellung dürfte es zeitlich nach dem berühmtesten Produkt dieser Werkstatt, der Limburger Staurothek von 964/65, die durch den 4. Kreuzzug in den Westen gelangte, anzusetzen sein, ist aber noch stärker einem antikisierenden Figurenstil verhaftet als die Krone des Konstantin Monomachos aus der Mitte des 11. Jahrhunderts, heute in Budapest.

Das kleine Reliquiar könnte vielleicht aus dem Besitz der Kaiserin Theophanu stammen und durch Schenkung Ottos III. zur Domweihe 992 in den Domschatz gelangt sein. Ein Demetrios-Reliquiar wird aber auch im Zusammenhang mit dem Beutegut und der Stiftung Konrads von Krosigk erwähnt, allerdings ist nicht mehr festzustellen, welches der drei Halberstädter Reliquiare gemeint ist.

J.

Evangelistar mit Elfenbeintafel des hl. Johannes

Inv.-Nr. 44
10. Jahrhundert, Elfenbeintafel Ende 10. Jahrhundert, Einband spätes 13. Jahrhundert
Pergament, 168 Blätter
Höhe: 26,5 cm, Breite 20,4 cm
lateinischer Text, 19-zeilig, in Minuskeln, rubriziert
Einband: Holz, Teile der gestanzten Metallbeschläge, Halbedelsteine, Filigran
in der Mitte Elfenbein: Höhe: 14 cm, Breite: 13,7 cm

Im Zentrum des Buchdeckels, der ein Evangelistar des 10. Jahrhunderts schmückt, befindet sich ein nahezu quadratisches Elfenbeintäfelchen mit edelsteinbesetztem Rand. Die Schnitzerei zeigt den Evangelisten Johannes in jugendlicher Gestalt, frontal auf einem Thron mit wulstigem Kissen sitzend, in seiner Linken ein auf dem Knie ruhendes, aufgeschlagenes Buch, mit der rechten Hand auf seinen Schüler Prochoros weisend. Dieser empfängt das Diktat des Lehrers, man sieht ihn eifrig schreibend auf einem niedrigen Hocker, aufmerksam dem Johannes zugewandt. Wegen seiner geringeren Bedeutung ist der Schreiber kleiner als der Evangelist selbst wiedergegeben. Zwischen den beiden befinden sich ein Schreibpult sowie ein geöffneter Kasten mit Buchrollen. Die Figuren werden von einer Landschaftskulisse mit Stadtveduten hinterfangen, es sind zinnenbekrönte Mauern und Kuppeltürme zu erkennen. Inmitten der hügeligen Landschaft wendet sich ein Adler, das Symbol des Johannes, dem Evangelisten zu. Als eines der vier apokalyptischen Wesen war er diesem spätestens seit Ende des 4. Jahrhunderts durch den Kirchenvater Hieronymus zugeordnet worden.

Die der Darstellung zugrundeliegende Legende des 5. Jahrhunderts, daß Johannes von dem römischen Kaiser Domitian nach Patmos verbannt worden sei, wo er die Niederschrift der göttlichen Offenbarung vollendet habe, war vor allem im byzantinischen Osten verbreitet, in der Kunst findet sie sich seit dem 10. Jahrhundert. Das Halberstädter Elfenbein scheint der einzige westliche Beleg für diesen Bildtypus zu sein.

Vorbilder für die Landschaftskulisse finden sich in der karolingischen Buchmalerei, die Gestaltung der Figuren weist sogar spätantike Züge auf. Sie sind plastisch, weich modelliert und geradezu bewegt. Stilistische Parallelen gibt es vor allem im sächsisch-westfälischen Kunstkreis, aber auch im Rhein-Maas-Gebiet. Ist man sich bei der Datierung der Schnitzerei an das Ende des 10. Jahrhunderts weitgehend einig, bleibt die Lokalisierung jedoch eher umstritten.

Ursprünglich verdeckte eine Metallverkleidung den gesamten Holzrahmen, in den das Elfenbein eingelassen ist, und muß bis zu einer feinen, noch erkennbaren Ritzlinie auf der Tafel gereicht haben. Die später als Ersatz hinzugefügten einzelnen Beschläge aus Silberblech, ebenfalls nicht mehr komplett erhalten, erfüllen diese Aufgabe nur unvollständig. Sie haben zum Teil ornamentalen Charakter wie ein blütenbesetztes Rautenband, das den Rand umläuft, und in der rechten oberen Ecke ist noch einer von einst vier Sternen mit Goldfiligran erhalten. Über der Elfenbeinschnitzerei befindet sich ein quadratisches geprägtes Metallplättchen mit einem Rundbild der Kreuzigung Christi, unterhalb der Tafel ein Brakteat mit dem Wappen Alberts von Altenburg. Dieser ist seit 1248 als Domherr in Halberstadt belegt, ab 1285 war er mindestens zehn Jahre lang, bis zu seinem Tod, Domdechant. Wahrscheinlich geht die Erneuerung des Einbanddeckels auf seinen Auftrag zurück.

J.

Blaßgelbes Seidenpluviale mit Ritzmuster

Inv.-Nr. 218
um 1000
blaßgelber Seidensamit
Höhe: 1,25 m, Breite: 2,47 m, unterer Umfang: 4,00 m

Das Pluviale aus blaßgelb-beigefarbener, wie Gold glänzender Seide ist das älteste Gewand, das sich in der Halberstädter Ornatesammlung erhalten hat. So schlicht es auch wirkt, ist es doch von besonderer Kostbarkeit. Der Zuschnitt und die kleine Kapuze an dem in Falten gerafften Halsausschnitt weisen auf das hohe Alter des Gewandes hin. Diese frühe Form des Pluviales erinnert noch an seinen profanen Gebrauch als Umhang und Wetterschutz (latein. *pluvia* – Regen). Im Verlauf des 9. und 10. Jahrhunderts wurde das Pluviale zu einem liturgischen Gewand, das vornehmlich für den Chordienst, zu Prozessionen und Konsekrationen sowie für andere gottesdienstliche Handlungen außerhalb der Meßfeier bestimmt war. Der einfarbige Stoff ist in einem filigranen Muster gewebt, dessen dünne, tiefliegende „Linien" wie eingeritzt wirken. Der Webtechnik nach handelt es sich dabei um ein spezielles Samitgewebe, bei dem das lineare Muster durch den Wechsel von Ober- und Unterschuß auf die jeweils entgegengesetzte Seite zustande kommt.

Das Muster besteht aus senkrechten Reihen von Spitzovalformen, die in alternierender Folge unmittelbar aneinandergeschoben wirken. Von vegetabilen Vorbildern stark abstrahierte Ornamente füllen die Binnenflächen, um die sich breite Bänder mit fächerförmig angeordneten Blüten oder Ösen legen. Das Mittelmotiv in den Ovalen weist, reihenweise wechselnd, entweder einen stilisierten Blütenstand oder an Akanthus erinnerndes Blattwerk auf. Die Ornamente wirken wie unvollendet, gleichsam nur angedeutet. Dabei wird das Bestreben spürbar, die einzelnen Motive zu einem flächigen Liniennetz zusammenzuziehen, um optisch eine unendliche Bewegtheit zu schaffen. Diese Merkmale weisen auf eine Herkunft des Stoffes aus dem vorderasiatisch-orientalischen Raum. Darüber hinaus war die Spitzovalform in der islamischen Kunst der zweiten Hälfte des ersten Jahrtausends beliebt und weit verbreitet.

Das tatsächliche Herstellungsgebiet dieses Gewebes ist allerdings nicht sicher zu benennen. In jüngster Zeit wurde vermutet, daß es, wie auch andere, in Muster und Webtechnik sehr ähnliche Gewebe, im islamischen Spanien hergestellt worden sein könnte. Die Anfertigung von Ritzstoffen war jedoch auch und vor allem in Byzanz verbreitet.

Umzeichnung des Stoffmusters

Wie das Gewebe nach Halberstadt gelangte, sei es als Stoffbahn oder als fertiges Gewand, ist nicht bekannt. Solche Stoffe wurden seit dem ausgehenden 10. Jahrhundert nach Westeuropa importiert bzw. geschenkt, wie zahlreiche Textilien belegen. Häufig sind derartige Gewänder mit den Namen bedeutender, dem Herrscherhaus nahestehender Personen oder kirchlicher Würdenträger zu verbinden. So hatte der Mainzer Erzbischof Willigis (975-1011), von dem zwei Kaseln aus Ritzstoffen in Mainz und München aufbewahrt werden, eine wichtige Stellung in der Reichs- und Kirchenpolitik der ottonischen Herrscher inne. Willigis nahm 992 an der Weihe des ottonischen Doms in Halberstadt teil. Auch das Gewebe des Pluviales, das im Grab des 1407 verstorbenen Papstes Clemens II. im Bamberger Dom gefunden wurde, läßt sich der Gruppe zuordnen. Clemens war vor seiner Wahl zum Bischof von Bamberg Domherr in Halberstadt.

Die sowohl webtechnisch als auch mustermäßig engste Verwandtschaft unseres Pluviales besteht zu zwei Geweben der 1. Hälfte des 12. Jahrhunderts. So soll die sog. Bernhard-Kasel, die sich heute in St. Viktor in Xanten befindet, der heilige Bernhard von Clairvaux 1147 getragen haben. Auch die Tunicella der im Kunsthistorischen Museum (Weltliche Schatzkammer) in Wien aufbewahrten Reichskleinodien weist als Schmuckborte am Saum einen roten Stoff mit ähnlichem Ritzmuster auf. Sie wird ins 2. Viertel des 12. Jahrhunderts datiert.

P.

Bucco-Kreuz

Inv.-Nr. 463
Mitte 11. Jahrhundert
Zedernholz
Höhe: 5,1 cm

Das Kruzifix aus einem Stück Zedernholz wurde erst 1934 bei Aufräumarbeiten im Domschatz von Erich Meyer wiedergefunden. Die kleinteilige Schnitzerei ist beschädigt, der rechte Kreuzarm abgebrochen. Allein das Wesentliche wird hervorgehoben – der relativ große, geneigte Kopf und der kräftige Korpus der Christusfigur mit überlangem Unterkörper, kurzen Armen und unnatürlich abgewinkelten Händen. Die Augen des Gekreuzigten sind geschlossen, es ist der tote Christus am Kreuz. Die Kleinheit des Objektes dürfte mit der Kostbarkeit des Materials zusammenhängen, denn das Holz aus dem Heiligen Land konnte als Sekundärreliquie verstanden werden, zumal auch die Partikeln des „Wahren Kreuzes" aus Zedernholz bestanden. Wahrscheinlich diente das Bucco-Kreuz als Pektorale, Brustkreuz, und war ursprünglich mit einer schmückenden Metalleinfassung versehen.

Die Kreuzigung Christi, Voraussetzung für die Darstellung des Kruzifixus ohne szenischen Zusammenhang, ist erst seit der 1. Hälfte des 5. Jahrhunderts in der bildenden Kunst greifbar. Auf dem Halberstädter Kreuz vergleichbaren Stücken, die als Brustschmuck dienen konnten, gibt es sie nicht vor dem 6. Jahrhundert – zunächst im byzantinischen Bereich, seit karolingischer Zeit auch im Westen. Die Auffassung des Kreuzestodes wechselte im Lauf der Jahrhunderte von der Betonung des Sieges und Triumphes, gespiegelt in der Wiedergabe des lebenden Christus, über die Darstellung des Toten bis zur Herausstellung der Realität seines Leidens und Sterbens.

Das Halberstädter Kreuz steht trotz erheblicher Größenunterschiede stilistisch den Schnitzereien der Holztür von St. Maria im Kapitol in Köln nahe, die gegen 1065 vollendet wurden und ihrerseits eng verwandt sind mit Werken der rheinischen Kleinkunst, z. B. Elfenbeinarbeiten. Das Kleinod stammt daher mit größter Wahrscheinlichkeit aus dem Rhein-Maas-Gebiet und gehört ebenfalls dem 3. Viertel des 11. Jahrhunderts an.

Aus historischen Gründen ergibt sich eine hypothetische Zuschreibung an den Halberstädter Bischof Burchard II., genannt Bucco (1059–1088), Neffe des Kölner Erzbischofs Anno (1056–1075), der ihm durch seinen Einfluß am kaiserlichen Hof das Bistum im Osten verschafft hatte. Das kleine Kruzifix mag ein Geschenk des Onkels zur Inthronisation Buccos gewesen sein.

J.

Byzantinische Patene

Inv.-Nr. 36
2. Hälfte 11. Jahrhundert
Silber, vergoldet
Durchmesser: 41,4 cm

Vier Judenfiguren
Inv.-Nr. 36 a–d
um 1210–1220
Bronzeguß, vergoldet
Höhe: 12–13 cm

Eine silberne, vergoldete Weihbrotschale des 11. Jahrhunderts ist das bedeutendste der byzantinischen Kunstwerke des Domschatzes. Diese gelangten vor allem durch den 4. Kreuzzug, als Schenkung bzw. im Nachlaß eines seiner Teilnehmer, des Halberstädter Bischofs Konrad von Krosigk, in die Sammlung. 1204 war Konstantinopel, die Hauptstadt von Byzanz, von den Kreuzfahrern erobert und geplündert worden. Allerdings ist die Schale selbst nicht eindeutig auf den überlieferten Listen der Beutestücke Konrads auszumachen.

Das Zentrum der Patene bildet eine reduzierte Kreuzigungsszene, die den Boden der Schale einnimmt: Christus steht mit nur leichtem Hüftschwung nahezu aufrecht am Kreuz, zu beiden Seiten erkennt man die trauernden Maria und Johannes, über dem Kreuz die Erzengel Gabriel und Michael. Alle Personen sind durch Beischriften gekennzeichnet. Umfangen wird das Bild von einer griechischen Inschrift, welche die Einsetzungsworte der orthodoxen Eucharistiefeier zitiert: Nehmt, esst, dies ist mein Leib, der für euch gebrochen wird zur Vergebung der Sünden. Auf den Rändern der Schale, zwischen Wellenranken und Blütenblättern, erscheinen insgesamt sechzehn kleine Bildnismedaillons. Auf dem inneren Rand sind es christliche Märtyrer, allesamt Soldatenheilige, unter ihnen die populären Georgios, Demetrios und Prokop, auf dem äußeren Rand bedeutende Kirchenväter wie Basileios, Johannes Chrysostomos, Gregor von Nazianz oder Athanasios.

Der kostbare Diskos (griech.: flache Schale, Teller), teils als Wachsguß, teils als Treibarbeit angefertigt, ist das hervorragendste Produkt dieser Technik, das sich aus dem byzantinischen Kunstkreis erhalten hat, und mag eine Stiftung von einem Angehörigen des Hofes für eine der großen Konstantinopler Kirchen gewesen sein. Er hatte im orthodoxen Gottesdienst als liturgisches Gerät, zur Aufnahme und Zubereitung des heiligen Brotes für die Eucharistie, gedient. Bei der Proskomidie genannten Zeremonie wurde der Opfertod Christi symbolisch nachvollzogen, indem man das Brot mit einer Lanze teilte – daher auch das Kreuzigungsbild im Zentrum.

Im Rahmen der römisch-katholischen Meßfeier konnte die große, schwere Schale keine Verwendung als Patene finden und wurde deshalb bereits im 13. Jahrhundert zu einem Stephanusreliquiar umgearbeitet. Man setzte vier Figuren steinewerfender Juden, heute noch erhalten, auf den Rand der Schale. Diese hervorragend gearbeiteten Statuetten können sich mit den besten Goldschmiedewerken ihrer Zeit messen. Sie müssen wiederum einen Baldachin, darunter eine Darstellung des Heiligen, der wohl schon im späten Mittelalter verlorenging, getragen haben. Die Umarbeitung, die das Martyrium des Stephanus in Szene setzte, wurde spätestens im 19. Jahrhundert rückgängig gemacht.

J.

ΛΑΒΕΤΕ ΦΑΓΕΤΕ ΤΟΥΤΟ ΕCΤΙΝ ΤΟ CΩΜΑ ΜΟΥ ΤΟ ΥΠΕΡ ΥΜΩΝ ΚΛΩΜΕΝΟΝ ΕΙC ΑΦΕCΙΝ ΑΜΑΡΤΙΩΝ

Islamische Pyxis

Inv.-Nr. 55
Mitte 12. Jahrhundert
Elfenbein, bemalt, Beschläge aus Kupfer, vergoldet
Höhe und Durchmesser: 11 cm

Aus dem breiten Ende des Stoßzahnes eines Elefanten wurde eine Pyxis angefertigt, die mit zarten Malereien geschmückt ist. Die wie Skizzen anmutenden, in Braun gehaltenen Darstellungen zeigen ganz profane Motive wie einen lebhaft ausschreitenden Falkner mit seinem Vogel, unter Schloß und Scharnieren je ein Pfauenpaar sowie pflanzliche Formen und kleine konzentrische Kreise auf dem Rand des Deckels. Die in lanzettförmigen Spitzen endenden Beschläge dienen nicht nur ihrer Funktion, sondern ganz bewußt auch als Schmuck. Löcher im Boden weisen darauf hin, daß hier ursprünglich Metallfüße angebracht waren.

Die Dose gehört – neben einer weiteren Pyxis und drei Kästchen des Domschatzes – zu einer größeren Gruppe von Behältnissen aus Elfenbein, die allesamt im 12. und 13. Jahrhundert auf Sizilien hergestellt wurden. Ihr Dekor ist meist gemalt, geritzt oder in Flachrelief geschnitzt, bevorzugte Motive sind die Jagd, Reiter, Musikanten, Pfauen, Hirsche und andere Tiere. Alle Behältnisse zeichnen sich durch auffällige Beschläge aus. Die Malereien lassen sich in Stil und Ikonographie mit denen auf der 1154 vollendeten Holzdecke der Cappella Palatina in Palermo in Verbindung bringen und somit zeitlich recht genau einordnen. Nicht wenige der Behältnisse sind mit (kufischen) Widmungsinschriften versehen und auf diese Weise datierbar.

Sizilien war seit seiner Eroberung durch die Araber ein bedeutendes Kunstzentrum, das besonders enge Beziehungen mit Ägypten pflegte. Die Elfenbeinarbeiten entstanden zwar erst in der normannischen Zeit, doch waren es wohl fatimidische Werkstätten, in denen man sie gern als Hochzeitsgaben, vor allem aber auch für den Export anfertigte. Die orientalischen Schnitzereien waren im Abendland sehr begehrt, sie gingen oft als Geschenke an Kirchen und Klöster.

Mit Sicherheit war die Halberstädter Dose ursprünglich für den profanen Gebrauch in einem Haushalt der Oberschicht, zur Aufbewahrung von Schmuck, Geld oder anderen Kostbarkeiten, gedacht, bevor sie, wie viele vergleichbare Stücke, zu einem Reliquienbehältnis umfunktioniert wurde. Wie die Pyxis in den Westen kam, ob als Geschenk, Handelsware oder ob sie zum Beispiel den Weg über Byzanz nahm, ist nicht bekannt.

J.

Abraham-Engel-Teppich

Inv.-Nr. 516
Mitte 12. Jahrhundert
Kette: Leinen, Schuß: verschiedenfarbige Wolle und gebleichtes Leinen
Höhe: ca. 1,20 m (ohne Borte), Breite: ca. 10,40 m

In den Kirchen des Mittelalters waren neben reichen Ausmalungen Wandteppiche ein weit verbreiteter Schmuck. Gemessen daran ist die Zahl der überlieferten Beispiele jedoch sehr gering. Durch glückliche Umstände wurden im Halberstädter Dom drei große Teppiche bewahrt, deren Wert besonders hoch zu schätzen ist, sind es doch die weltweit ältesten, fast vollständig erhaltenen Wirkteppiche.

Die Wirkerei ist eine spezielle Webart, bei der der Schußfaden nicht über die gesamte Breite des Webstückes läuft, sondern sich nur innerhalb der einzelnen Musterflächen bewegt. Es werden also je nach Erfordernis des Musters viele Schußfäden nebeneinander angeordnet. An den Rändern der einzelnen Farbflächen entstehen Schlitze und Spalten bzw. Treppen. Wegen der erheblich größeren Schußdichte sind die Kettfäden nicht sichtbar, sondern nur durch das leicht rippenartige Relief des Teppichs wahrzunehmen. Die Kettfäden der beiden langgestreckten Halberstädter Teppiche verlaufen quer zum Bild, es wurde mit dem linken Rand begonnen, die Arbeit schritt also in Leserichtung voran.

Der Abraham-Engel-Teppich ist der älteste der Halberstädter Teppiche. Ihm liegt als Thema eine Erzählung aus dem Alten Testament zugrunde. Eine Folge von vier Bildern schildert wesentliche Ereignisse aus dem Leben Abrahams, seine tiefgreifenden Gottesbegegnungen. Anhand der Beischriften werden die Szenen jedoch über ihre konkrete Aussage hinaus in einen überzeitlichen Rahmen des göttlichen Wirkens eingeordnet. Die kurzen Zitate und Erläuterungen stellen eine Verbindung zu Christus her, der als Nachkomme Abrahams die Verheißung Gottes in neuer Qualität erfüllt. Die Vorwegnahme bzw. Versinnbildlichung des Wirkens Christi in den Erlebnissen des alttestamentlichen Abrahams ist eine dem Mittelalter geläufige, bereits auf Paulus zurückgehende, später als Typologie bezeichnete Form der Interpretation.

Die erste Szene verdeutlicht die besondere Nähe Abrahams zu Gott (1 Mose 18, 1–5). Der Erzvater sitzt am linken Bildrand im Eingang seines Zeltes im Hain Mamre. Aus einem Himmelssegment spricht eine göttliche Gestalt, die Gott und Christus zugleich versinnbildlichen kann, zu ihm: „Ich bin ewig". Gleichzeitig sieht Abraham drei Männer vor dem Zelt stehen. Da sie den Willen Gottes übermitteln, sind sie, wie im Mittelalter üblich, als Engel dargestellt. Während zwei von ihnen antike Gewänder tragen, ist der dritte als Priester mit Albe, Kasel und Stola bekleidet. Die senkrechte Schriftleiste: „Er betet in den Dreien den Einen an ..." bringt zum Ausdruck, daß in der Einheit ihrer drei Gestalten zugleich eine Abbildung der göttlichen Trinität zu sehen ist.

Auch die zweite Szene (vgl. 1 Mose 18, 6–15) zeigt links den Zelteingang. Diesmal sitzt Abrahams Frau Sara dort. Sie überreicht ihrem Mann die zur Bewirtung der drei Männer zubereiteten Spei-

sen. Abraham will sie ergreifen und eilt schon mit einem ausholenden Schritt zur Tafel. Dort haben die Gäste Platz genommen. Der Tisch mit dem in Falten lang herabhängenden Tuch erinnert an einen Altar. Das geteilte Brot und die wie Kelche dargestellten Gefäße spannen den Bogen bis zum Abendmahl und dem dabei vollzogenen Opfer Christi. Auch der unter dem Fuß Abrahams liegende Kopf des geschlachteten Kalbs ist in diesem Kontext als Hinweis auf den Opfertod Christi zu verstehen. Während des Gastmahls läßt Gott durch einen der Männer – den Engel mit erhobener Hand – Sara die Botschaft überbringen, daß sie trotz ihres hohen Alters einen Sohn gebären wird.

Die folgende Szene wechselt zu einer anderen Begebenheit (1 Mose 22, 1–19). Abraham hat sich auf Geheiß Gottes mit Isaak, seinem einzigen Sohn, und einem Knecht mit Esel auf den Weg ins Land Moria begeben. Dort soll er nach Gottes Willen den Sohn zum Opfer darbringen. Auch hier gibt die Inschrift den Hinweis auf das kommende Geschehen der Opferung Christi. Isaak trägt das Holz, wie Christus das Kreuz zur Kreuzigungsstätte getragen hat. Die Prozession wendet sich zum Höhepunkt der Handlung, der Opferung Isaaks. Auf dem Altar rechts hinter Abraham wurde bereits das Opferfeuer entfacht. Abraham hat den Knaben beim Schopf gepackt und ist mit erhobenem Schwert im Begriff, ihn zu töten. Da erscheint ein Bote Gottes und gebietet ihm Einhalt. Der Widder im Gesträuch, den Abraham statt seines Sohnes opfern wird, ist wiederum ein Hinweis auf das wahre Opferlamm Christus.

Den Abschluß des Teppichs bildet die monumentale Gestalt eines Erzengels, des Drachenbezwingers Michael (Offb. 12,7). Die Komposition dieses Bildfeldes ist eine gänzlich andere als die der erzählenden Szenen der Abrahamsgeschichte. Eine Rahmung aus mehreren farbigen Bändern umschließt ein etwa quadratisches Mittelfeld. Einerseits in sich ruhend und konzentriert, scheint die Figur des Michael andererseits durch ihre besondere Intensität zugleich ihren Rahmen zu sprengen; Kopf, Lanze, Gewand und Fuß sowie der Schwanz des Drachens ragen über die Bildfläche hinaus. Der Drache ist fast zum Zeichen stilisiert, indem er senkrecht in das Bild eingefügt und mit einem ornamentalen Schwanzende versehen wurde.

Dem Teppich wohnt durch seine klaren, einfachen Formen eine besondere Monumentalität inne. Große Flächen mit sparsamer Binnengliederung sind in deutlichen Kontrasten und mit zumeist doppelten Konturlinien voneinander abgesetzt. Die Figuren erscheinen in den sehr eigengewichtigen Gewändern statuarisch. Kaum sind die Körper hinter den fülligen Stoffen mit zum Teil ornamenthaft angelegten Falten zu spüren. Doch die ausdrucksstarken Gesten geben den Personen eine eigene Würde und Unerschütterlichkeit.

Stilistische Parallelen zum Abraham-Engel-Teppich finden sich am ehesten in der Buchmalerei. So lassen sich die Figuren des Teppichs mit der Maiestas-Domini-Darstellung im Lektionar des Diakons Marcwardus (Inv.-Nr. 471), das um 1145 wohl in Halberstadt entstand, vergleichen. Hier findet sich auch die wunderbar räumliche Mäanderborte, die den Teppich einmal vollständig umzog. Andere Illustrationen der 1150er Jahre, beispielsweise im Ratmann-Sakramentar aus Hildesheim (Dom- und Diözesanmuseum Hildesheim), bestätigen die Datierung des Abraham-Engel-Teppichs in die Mitte oder die ersten Jahre der zweiten Hälfte des 12. Jahrhunderts.

P.

Abraham-Engel-Teppich

Christus-Apostel-Teppich

Marienteppich

ISAAC

GABRIEL
PAVLVS
IACOBVS

Christus-Apostel-Teppich

Inv.-Nr. 517
2. Hälfte 12. Jahrhundert
Kette: Leinen, Schuß: verschiedenfarbige Wolle und gebleichtes Leinen
Höhe: ca. 1,18 m (ohne Borte), Breite: ca. 9,00 m

Im Gegensatz zur fortschreitenden Erzählung des Abraham-Engel-Teppichs zeigt der zweite große romanische Wandteppich eine in sich abgeschlossene Szene. Den Mittelpunkt der Darstellung, wenn auch nicht die metrische Mitte, bildet eine Dreifigurengruppe: Der apokalyptische Christus sitzt, der Offenbarung des Johannes entsprechend, auf dem nur ihm gebührenden Regenbogenthron, umgeben von einer Mandorla, die von den beiden Erzengeln Michael und Gabriel gehalten wird. Christus nimmt als der unnahbare Weltenherrscher und Richter des Jüngsten Gerichts eine streng frontale Haltung ein. Seine weit geöffneten Augen ziehen den Betrachter unwiderstehlich in ihren Bann. Die rechte Hand hat er im Segens- und Redegestus erhoben, in der linken hält er das geöffnete Buch des Lebens.

Zu beiden Seiten wird diese Maiestas Domini von je sechs Aposteln flankiert. Sie sitzen jeweils auf langen Bänken. In der linken, zuerst entstandenen Bildhälfte sind die Apostel zu Zweiergruppen geordnet. Die beiden äußeren, Thomas und Johannes, scheinen in einem Dialog begriffen. Alle drei Paare werden von turmartigen Architekturen, Zeichen für das himmlische Jerusalem der Apokalypse, getrennt. Die Sitzbank tragen als Stützen reich verzierte Säulen. Die Apostel der rechten Teppichhälfte sitzen dicht gedrängt nebeneinander. Im Verlauf der Teppichherstellung muß ein Planwechsel eingetreten sein. Die ursprüngliche Absicht, die Apostel wiederum in Zweiergruppen anzuordnen, scheint in der Haltung der Figuren noch ablesbar zu sein. Offensichtlich gab es jedoch zwingende Gründe, die Teppichlänge zu reduzieren. Deshalb wurden die gliedernden Architekturelemente ausgespart und die Apostel so nah wie möglich aneinander gerückt. Möglicherweise war in der Zwischenzeit eine Veränderung am Aufhängungsort geschehen.

Das Bildfeld wurde von einem aufwendigen Fries eingefaßt. Ein vielfarbiges und variationsreiches Palmetten-Lotosblüten-Band sowie ein schmaleres Zackenband müssen, wie am linken Rand erhalten, um den gesamten Teppich ergänzt werden. Danach läßt sich für diesen Teppich eine ursprüngliche Höhe von ungefähr 1,80 Meter ermitteln.

Der Christus-Apostel-Teppich entstand mit einiger Wahrscheinlichkeit in derselben Werkstatt wie der Abraham-Engel-Tep-

pich. Jedoch ist er im Sinne der Stilentwicklung als jünger einzuschätzen. So zeigen die Gesichter eine stärkere Differenzierung einzelner Persönlichkeiten. Auch die Gewänder fallen weicher und beginnen mit den Körpern zu korrespondieren. Eine reichere und flüssigere Binnenzeichnung belebt die Stoffflächen. Diese Merkmale finden sich auf dem Widmungsblatt der um 1170 entstandenen Hamerslebener Bibel (Inv.-Nr. 472) wieder. Gut vergleichbar sind auch die Illustrationen im Evangeliar Heinrichs des Löwen in Wolfenbüttel aus den siebziger bis achtziger Jahren des 12. Jahrhunderts. Hier tauchen etwa die abstehenden Zipfel wie an den unteren Säumen einiger Gewänder auf.

Zweifelsohne entstanden die beiden Teppiche in einem niedersächsischen Kunstzentrum, das im weiteren Umfeld des Harzes zu lokalisieren ist. Die 1203 verstorbene Quedlinburger Äbtissin Agnes von Meißen schreibt in ihrer Vita von Teppichen für den Halberstädter Dom, die im Damenstift in Quedlinburg angefertigt worden seien. Wenn diese Aussage sicher nicht unmittelbar auf die beiden erhaltenen Teppiche bezogen werden kann, gibt sie doch einen zeitgenössischen Hinweis auf die Tradition der Teppichherstellung in der Nähe von Halberstadt. Möglicherweise existierte auch in Halberstadt selbst eine solche Werkstatt.

Die beiden großen Teppiche dienten sicher zur Ausgestaltung des Kirchenraums. Angefertigt wurden sie allerdings für den Vorgängerbau des gotischen Doms. Er ist im Grundriß aufgrund der Grabungen von 1952–54 weitgehend bekannt. Da jedoch vom aufgehenden Mauerwerk fast nichts erhalten blieb, sind Aussagen zur Raumgestaltung im einzelnen nicht möglich. So bleiben alle Versuche, die Aufhängung der beiden Teppiche zu lokalisieren, hypothetisch. Während der Abraham-Engel-Teppich gewiß noch im ottonischen Dom Verwendung fand, ist die Vollendung des Christus-Apostel-Teppichs vor der Zerstörung des Doms durch Heinrich den Löwen im Jahr 1179 nicht mit Sicherheit anzunehmen. Der thronende Weltenherrscher muß seiner überragenden Stellung in der christlichen Hierarchie entsprechend an vornehmer Stelle – auf der Hauptachse der Kirche – angeordnet gewesen sein. Zwei Aufhängungsorte wären deshalb für den Christus-Apostel-Teppich in Betracht zu ziehen: die dem Kreuzaltar zugewandte Seite der westlichen Chorschranke oder die Hauptapsis. Für letzteres spräche die beträchtliche Höhe des Teppichs, vielleicht auch die Verkürzung der rechten Teppichhälfte aufgrund von räumlichen Gegebenheiten.

Durch einen günstigen Umstand haben wir Kenntnis von zwei weiteren Bildteppichen, die einstmals im romanischen Dom ihren Platz hatten. Zu Beginn des 18. Jahrhunderts fertigte der damalige Domküster Conrad Matthias Haber auf Leinwand gemalte Kopien von zwei unbrauchbar gewordenen Teppichen an.

Es handelt sich zum einen um eine Darstellung des Jakobstraums (1 Mose 28, 10–22), der sich vermutlich weitere Szenen anschlossen. Ein solcher „Jakobsteppich" hätte der alttestamentlichen Thematik nach möglicherweise eine Entsprechung zum Abraham-Engel-Teppich gebildet. Die andere Kopie zeigt den auferstandenen Christus mit der Siegesfahne. Zu seinen Seiten sitzen die vier Evangelisten mit ihren Symbolen.

Im gotischen Dom überdauerten die Teppiche die Jahrhunderte als Dorsalbehänge des spätgotischen Chorgestühls. Wann sie freilich, um ihre Borten verringert, dort aufgehängt wurden, ist unbekannt. In den 1930er Jahren unterzog man die Teppiche in der Werkstatt des Berliner Schloßmuseums einer gründlichen, zugleich aber auch zurückhaltenden Restaurierung. Erst im Zweiten Weltkrieg sind sie zum Schutz vor einer Zerstörung von ihrem Platz im Hohen Chor entfernt und ausgelagert worden. Anläßlich der Wiedereröffnung des Domschatzes 1959 wurde die Entscheidung getroffen, die kostbaren Teppiche unter günstigeren konservatorischen Bedingungen nunmehr im Obergeschoß des Remtergebäudes zu zeigen.

P.

Bibel aus Hamersleben

Inv.-Nr. 472 (Schmidt, Handschriften Nr. 1)
um 1180
Pergament, Deckfarbenmalerei und lavierte, z. T. unvollendete Federzeichnungen, 281 Blätter
Höhe: ca. 53,5 cm, Breite: ca. 36,5 cm
lateinischer Text, 43–47-zeilig, in romanischen Minuskeln, rubriziert
Einband: Holz, mit braunem Leder bezogen, an den Ecken und in der Mitte Metallbuckel

Von den im Domschatz verwahrten Bibelhandschriften ist diese die älteste. Sie bestand ursprünglich aus drei Teilen, von denen nur Band 1 und 2 erhalten sind. Der erste enthält – mit Auslassungen und Umstellungen – den Text der Vulgata von der Genesis bis zu den Weisheitsbüchern (Ecclesiasticus). Entstanden wohl im Skriptorium des Augustiner-Chorherrenstifts Hamersleben, war die Handschrift mit Sicherheit für den Gebrauch in diesem zunächst in Osterwieck gegründeten und um 1110 nach Hamersleben verlegten Konvent von Regularkanonikern bestimmt. Das bezeugt der lateinische Besitzvermerk „Buch des Stifts des heiligen Märtyrers Pancratius zu Hamersleben in der Diözese Halberstadt" am unteren Rand der großen Titelminiatur, die dem Text vorangestellt ist (Bl. 1r). Sie zeigt als zentrale Figur den Patron des Stifts in strenger, an byzantinische Ikonen erinnernder Frontalität als einen vornehm gekleideten stehenden Jüngling: in prächtiger Tunika und mit pelzgefüttertem Mantel, in seiner Linken ein Schwert als Zeichen für seinen Martertod und in der Rechten den Palmzweig, das Attribut der Märtyrer, auf dem goldenen Stirnreif als PANCRATIVS ausdrücklich benannt. Gemeint ist – nach dem Bericht der Legenda aurea – jener verwaiste Knabe eines reichen Phrygiers, der in Rom zum Christentum bekehrt und – erst vierzehnjährig – auf Befehl Kaiser Diokletians enthauptet wurde. Beidseits des Heiligen sind unter hohen Turmbauten verehrende Angehörige des Chorherrenkonvents und zwei Stifter dargestellt: so in zwei Reihen links – durch die überschriebenen Namen identifiziert – die ersten Vorsteher des Stifts, angefangen von Propst Thietmar (1108–1138) bis zu Propst Bernhard (1173–1175), darüber zweifellos – wenn auch unbezeichnet – Bischof Reinhard von Halberstadt, der bedeutende Förderer der regulierten Chorherren im Harzgebiet und Gründer des Stifts, und die gleichfalls als Stifterin geltende Thietburg aus dem Hause der Pfalzgrafen von Sommerschenburg, beide mit einem Kirchenmodell in Händen.

Der Kodex dürfte noch zu Lebzeiten oder kurz nach dem Tode des zuletzt genannten Propsts Bernhard geschrieben und illuminiert worden sein. Eine spätere Datierung in die Zeit des Propsts Werner verbietet sich aus stilistischen Gründen; sein Name auf der rechten Seite wurde übrigens erst nachträglich eingetragen. Die in der unteren Reihe stehende Gruppe von drei Kanonikern hält ein aufgeschlagenes Buch mit den Anfängen der vier Evangelien in Händen, was hier wohl als Hinweis auf ihre seelsorgerische Tätigkeit zu verstehen ist. Mit dem anderen offenen Buch zu Füßen des Heiligen, das zwei Geistliche ihm demütig darbringen, muß die vorliegende Bibelhandschrift gemeint sein. Denn wie der eingeschriebene Text bekundet, bitten sie, daß dieses Werk als das für den Heiligen bestimmte Geschenk auch von Gott gnädig angenommen werde. Die Titeldarstellung ist also ein in der Buchmalerei der Zeit auch sonst zu findendes sog. Widmungsbild, das mit den wiedergegebenen historischen Personen zugleich Stiftsgeschichte überliefert. Außer dem Vollbild besitzt die Bibel insgesamt 24 farbig gezeichnete und lavierte Initialen, von denen zwei früher einmal herausgeschnitten wurden und sich heute in Museumsbesitz (Berlin, Staatliche Museen – Preußischer Kulturbesitz, Kupferstichkabinett) befinden. Diese Buchstaben, mit denen jeweils die Anfänge der biblischen Bücher und ihrer Prologe hervorgehoben werden, sind ornamental reich verziert und z. T. mit figürlichen Darstellungen durchsetzt. Einige besonders prächtige Zeichnungen zeigen König David, das Himmlische Brautpaar und mehrfach König Salomo.

K.

Liber monasterij bti pancratij mris In hamersleue halberstadens dyoces

Rote Dalmatika mit gestickten Löwen

Inv.-Nr. 117
2. Hälfte 12. Jahrhundert
roter Seidensamit, vergoldeter Silberlahn, Seide
Höhe: 1,38 m, Breite: 1,54 m

Die Dalmatika ist das liturgische Obergewand des Diakons, und außerdem trägt sie der Bischof während des Pontifikalamts unter der Kasel. Das weite, ungegürtete Gewand mit Ärmeln ist an seinen Seiten bis zu den Ärmelansätzen geschlitzt. In der römischen Kaiserzeit als profanes Kleidungsstück in Gebrauch gekommen, war die Dalmatika zunächst immer weiß. Erst seit dem 12. Jahrhundert entspricht ihre Farbe dem liturgischen Farbenkanon.

Die Löwen-Dalmatika ist aus mehreren, relativ schmalen Bahnen eines roten Seidensamits zusammengesetzt, die jeweils durch vertikale Goldborten miteinander verbunden sind. Kreisförmige Medaillons und Ranken mit herzförmigen Blättchen füllen die Stoffbahnen. Innerhalb der Medaillons sind schreitende Löwen plaziert. Die Metallstickerei in versenkter Anlegetechnik zeichnet mit Fäden aus vergoldetem Silberlahn die jeweiligen Konturen.

Die Löwen wenden sich mit erhobener Vorderpranke nach rechts oder links, wobei die Köpfe stets in Frontalansicht wiedergegeben sind. In ihrer Haltung sehr eindringlich, hat die künstlerische Gestaltung eine höchst repräsentative, ja majestätische Wirkung. Die Konturen sind in langen, eleganten Schwüngen geführt, gleichsam die Biegsamkeit und Geschmeidigkeit der Raubkatze charakterisierend. Der Zeichner dieser Löwen muß ein Meister seines Fachs gewesen sein, dem großartige Beispiele von Tierdarstellungen, sei es auf kostbaren Geweben oder als Buchillustrationen, vor Augen standen. Vorbilder für derartig repräsentative Löwendarstellungen finden sich in orientalischen und byzantinischen Tiermedaillons des 11. und 12. Jahrhunderts. Auch in Spanien und Sizilien wurden vergleichbare Stoffe angefertigt. Daß die Stoffe als besonders wertvoll galten, offenbaren Buchillustrationen, die Tierstoffe imitieren, wie etwa zwei Zierseiten in einem zwischen 1160 und 1190 entstandenen Evangeliar aus dem Aegidienkloster in Hildesheim (Braunschweig, Herzog Anton Ulrich-Museum). Die ebenfalls in Medaillons angeordneten Löwen sind denen der Halberstädter Dalmatika sehr ähnlich. Stilistisch anders und auch jünger sind die Löwendarstellungen auf dem Mantel Kaiser Otto IV. in Braunschweig (um 1200), da ihnen jene Geschmeidigkeit und Eleganz fehlt. Ebenso ist die zweite rote Seidendalmatika im Halberstädter Domschatz – mit in Goldstickerei ausgeführten Kentauren und Hirschen zwischen langstieligen Blattranken – wohl erst etwas später und an anderem Ort gestickt worden.

Die Dalmatika erfuhr mehrere Veränderungen, bevor sie ihr heutiges Aussehen erhielt: Zum einen wurde das Gewand aus bereits besticktem Stoff geschneidert, denn die Löwenmedaillons der unteren Seitenstücke sind durchschnitten. Zum andern fallen im Stoff parallel zu den Goldborten verlaufende Reihen von Nählöchern auf. Sie legen die Vermutung nahe, daß die Stoffbahnen einmal unmittelbar aneinandergenäht waren und später auseinandergetrennt wurden, um die Goldborten einfügen zu können, damit die Stickerei vollständig sichtbar blieb.

P.

Zwei Kirchenfahnen mit eucharistischen Tüchern

Detail der Fahne, Inv.-Nr. 87

Inv.-Nr. 87 und 88
spätes 12. Jahrhundert / 2. Hälfte 14. Jahrhundert
Hellgrüner Seidenlampas mit Goldfadenlancierung, purpurroter Seidensamit, Gold- und verschiedenfarbige Seidenfäden, Perlen
Fahnen: Höhe: ca. 1,45 m, Breite: ca. 0,85 m
gestickte Tücher: Höhe: ca. 50 cm, Breite: ca. 40 cm

Zu den kostbarsten Textilien, die im Halberstädter Domschatz über die Jahrhunderte hinweg bewahrt blieben, gehören zwei byzantinische Stickereien. Die leicht hochrechteckigen, kleinen Tücher stehen ihrer Bildaussage nach in unmittelbarem Zusammenhang mit der Feier der Eucharistie. Heute sind sie auf einen jüngeren Stoff appliziert, für ihre ursprüngliche Verwendung waren sie jedoch als selbständige Tücher gefertigt worden. Trotz ihres teilweise fragmentarischen Zustandes vermitteln sie noch einen Eindruck ihrer einstigen Pracht und hohen künstlerischen Meisterschaft.

Die Stickereien wurden in Anlegetechnik ausgeführt, wobei überwiegend Goldfäden, für die feinere Binnenzeichnung auch verschiedenfarbige Seidenfäden zur Anwendung kamen. Von dem kostbaren Seidensamit, der als Stickgrund diente, sind nur geringe Reste seiner schwarzen Unterseite erhalten. Dieser Stoff besaß jedoch eine purpurfarbene Oberseite, die den Goldstickereien eine ganz andere Wirkung gegeben haben wird. Der heute sichtbare, bräunlich ausgeblichene Hintergrund ist das ehemals rote Seidenfutter der Tücher.

Die Szenen auf beiden Tüchern ähneln sich sehr. Jeweils in der linken Bildhälfte ist Christus, ausgezeichnet durch einen perlenbestickten Kreuznimbus, dargestellt. Er steht vor einem Ziborium am Altar und wendet sich sechs von rechts in ehrfurchtsvoller Haltung herantretenden Männern zu. Christus fungiert als Priester, der an seine Apostel die Eucharistie austeilt. Sechs Apostel empfangen auf dem einen Tuch (Inv.-Nr. 88) das in der Konsekration zum Leib Christi gewordene Brot. Die mit Goldfaden gestickte, griechische Inschrift des Bildfeldes gibt die Einsetzungsworte Christi, gesprochen beim letzten Mahl wieder: „Nehmt, eßt, das ist mein Leib". Auf dem zweiten Tuch (Inv.-Nr. 87) wiederholt sich die Handlung in der Darreichung des Kelches mit dem Blut Christi an wiederum sechs Apostel.

Die sogenannte Apostelkommunion ist ein in der Ostkirche geläufiges Motiv. Christus teilt die Eucharistie an die Apostel so aus, wie es im byzantinischen Ritus seit dem 6. Jahrhundert üblich war. Die Darstellung entspricht der theologischen Auffassung, die zum einen von der tatsächlichen Präsenz Christi während der Eucharistiefeier ausgeht, zum anderen den Priester im Vollzug der Liturgie als Stellvertreter Christi versteht. Die eucharistische Handlung erfährt somit eine Überhöhung.

Beide Tücher sind in einer funktionalen Einheit zu sehen. Sie dienten in ihrer ursprünglichen Verwendung, wie in der byzantinischen Liturgie vorgeschrieben, der Verhüllung von Kelch (poterokalymma) und Diskos (diskokalymma), der liturgischen Brotschüssel.

Umlaufend um die Bildfelder und auf diesen endend sind jeweils Weiheinschriften eingestickt, die die Verehrung des Leibes Christi zum Ausdruck bringen und um die Gnade Gottes für den Stifter der Tücher bitten. „Sebastos Alexios Palaiologos" – der erhabene Alexios aus dem Geschlecht der Palaiologen ist dieser Stifter. Die Palaiologen waren eine angesehene Familie, die in enger Verbindung zum byzantinischen Kaiserhof stand. Mit Michael VIII. konnte 1259 ein Palaiologe den Kaiserthron besteigen. Aufgrund stilistischer und epigraphischer Merkmale dürften die beiden Tücher in der zweiten Hälfte des 12. Jahrhunderts entstanden sein. Für diese Zeit sind zwei hochrangige Persönlichkeiten mit dem Namen Alexios Palaiologos bekannt, die als Stifter in Frage kämen.

Nach Halberstadt gelangten die Tücher mit großer Wahrscheinlichkeit durch Bischof Konrad von Krosigk, der sie vom 4. Kreuzzug aus Konstantinopel mitbrachte und seiner Bischofskirche übergab. Die Schenkungsurkunde von 1208 führt *duo corporalia cum receptaculis eorundem*, zwei Korporalientücher mit ihren Behältnissen an.

Über ihre Verwendung in Halberstadt läßt sich zunächst nichts sagen. Die Verhüllung der liturgischen Geräte ist im abendländischen Meßritus nicht vorgesehen. Zu der heutigen Anordnung der Tücher – als Bildfelder zweier Kirchenfahnen – kam es erst im späteren Mittelalter. Spuren an den umlaufenden roten Borten lassen vermuten, daß sie zwischenzeitlich auf einer Unterlage befestigt waren.

Die langrechteckigen Kirchenfahnen laufen nach unten in fünf Zipfeln aus, die mit Borten und Troddeln besetzt sind. Beide Fahnen haben den gleichen Grundstoff, einen hellgrünen Seidenlampas mit Goldfadenlancierung. Sein phantasievolles Muster zeigt in versetzten Reihen angeordnete, exotisch anmutende Vögel im Wechsel mit Hunden sowie Flügeln mit Aufschriften, an denen wellenförmig geflochtene Taue oder Ketten hängen. Solche Stoffe wurden im 14. und 15. Jahrhundert in Norditalien, in den damaligen Zentren der Seidenweberei Lucca, Venedig und Florenz angefertigt und nach ganz Europa exportiert. Der Stoff der Fahnen muß, wie eine größere Anzahl vergleichbarer Stoffe erkennen läßt, in einer Lucceser Seidenweberei der zweiten Hälfte des 14. Jahrhunderts entstanden sein.

Bei näherer Untersuchung weisen beide Fahnenstoffe bogenförmige Nähte auf. Werden die Stoffe nebeneinander gelegt, läßt sich das Rückenteil eines liturgischen Gewandes – einer Kasel oder eines Pluviales – rekonstruieren; der Stoff wurde also in Zweitverwendung für die Fahnen genutzt. Möglicherweise war das Gewand unbrauchbar geworden, jedoch konnten die beiden Stoffbahnen noch einmal für die Fahnen verwendet werden. In der neuen, spätmittelalterlichen Zusammensetzung wurden die Kirchenfahnen bei Prozessionen mitgetragen oder als Schmuck zu Seiten eines Altars aufgestellt.

P.

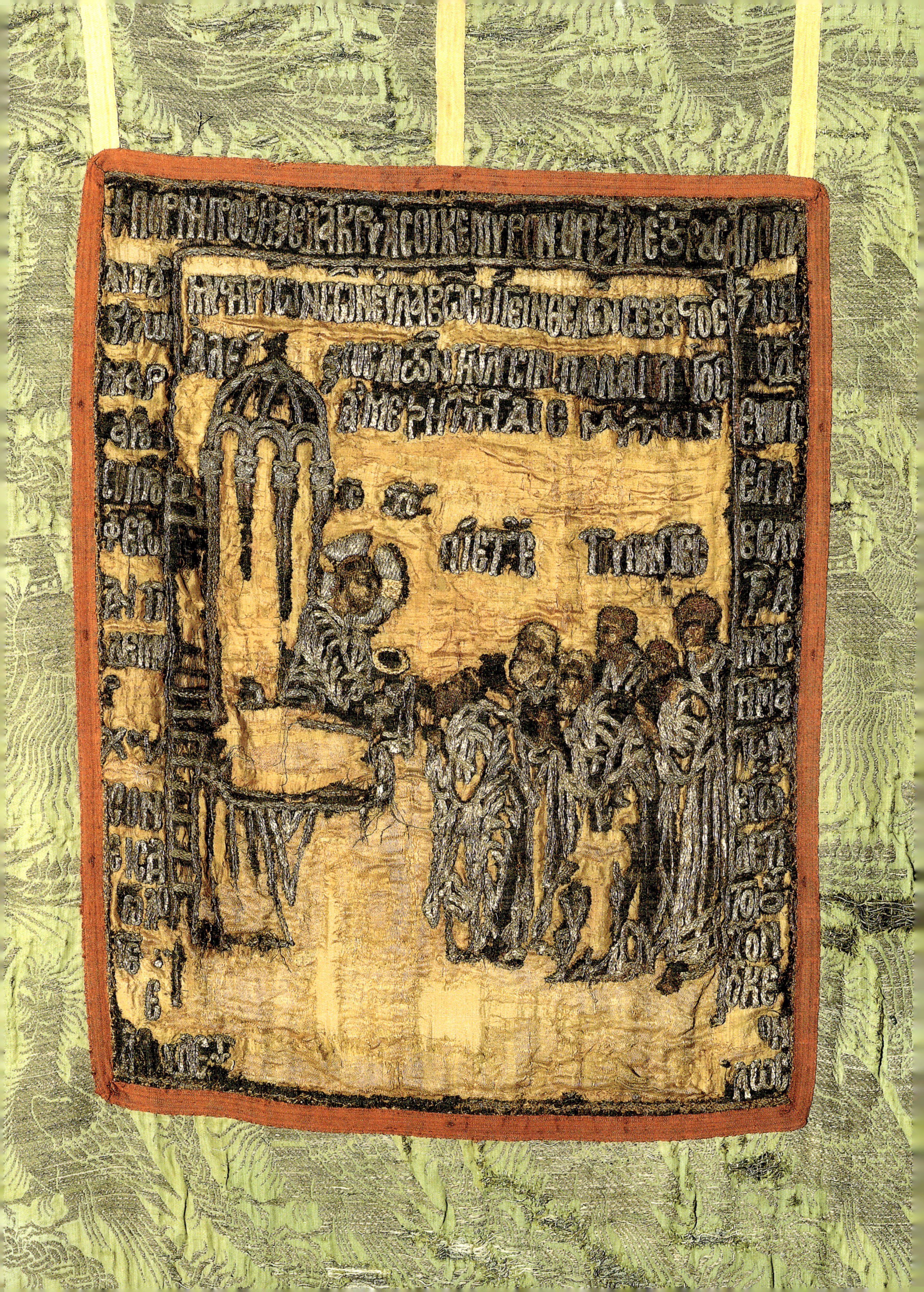

Fahne, Inv.-Nr. 88

Kruzifixus

Inv.-Nr. 387
spätes 12. Jahrhundert
Birnbaumholz, originale, polychrome Fassung
Höhe: 99 cm, Breite der Arme: 93 cm

Der unterlebensgroße spätromanische Kruzifixus mit noch weitgehend axial ausgerichtetem Körper, parallel geführten Beinen und einem Suppedaneum reiht sich ein in die Gruppe der sogenannten Vier-Nagel-Kruzifixe, einem Typus, der vor allem bei den heroisch-monumental überhöhten romanischen Kruzifixen anzutreffen ist, die in der Darstellung des Gekreuzigten das Bild des triumphierenden Christus vermitteln. Das als Hoheitssymbol zu interpretierende Suppedaneum unterstreicht das Bild vom triumphierenden Sieger über den Tod. Mit der an einen königlichen Fußschemel erinnernden Konsole zu Füßen und den waagerecht zur Seite geführten Armen wird das Motiv des Hängens in ein Schweben umgedeutet. Der Kopf ist leicht nach rechts geneigt. Die Augen sind geöffnet, der Mund geschlossen. Die Physiognomie ist noch frei von Anzeichen des Schmerzes und der Todesqualen. Das Haar umschließt gleich einer Kappe das feingliedrig gearbeitete Gesicht und ist in feinen Strähnen modelliert. Eine kleine Stirnlocke und zwei nach vorn auf die rechte Schulter fallende Haarsträhnen sind in Anlehnung an byzantinische Vorbilder im Unterschied zum übrigen Haar und zum Bart nur aufgemalt. Der nackte Oberkörper zeigt Ansätze eines Strebens nach Körperlichkeit, das aber noch vollständig der Oberfläche verhaftet bleibt. Unvermittelt, da vom Oberkörper nicht beantwortet, erscheint das kontrapostische Moment der Beine, das durch den Faltenwurf des Lendentuchs verstärkt wird. Das asymmetrisch mit einer Knotenschleife an der linken Hüfte gebundene Tuch ist auf dieser Seite durch die starke Raffung des Stoffes höher gezogen und läßt das angewinkelte Knie hervortreten. Der Faltenwurf greift den Gegensatz von gestrecktem und gebeugtem Knie auf: unterhalb des Knotens vertikale Falten, rechts hingegen sogenannte Bogenfalten.

Die Versuche einer zeitlichen Einordnung dieses großartigen Werkes spätromanischer Skulptur tendieren vom Beginn des 12. Jahrhunderts bis in die zwanziger Jahre des 13. Jahrhunderts.

Gegen eine frühe Datierung sprechen aber wohl die beginnende Auflockerung des „Strengen Stils“ und die Rücknahme an Monumentalität. Eine direkte Abhängigkeit von französischen Kruzifixen, die eine Datierung erst in die ersten Jahrzehnten des 13. Jahrhunderts erlauben würde, erweist sich als nicht zwingend. Vielmehr steht der Halberstädter Kruzifixus in der Tradition niedersächsischer Kreuze, die unter dem Einfluß rheinisch-maasländischer Kleinkunst, z. B. von Elfenbeindarstellungen der Metzer Schule, entstanden sind. Die Knotenschleife ist charakteristisches Kennzeichen niedersächsischer Arbeiten und bereits am silbernen Bernwardskreuz in Hildesheim (nach 1007) oder am Ringelheimer Bronzekruzifixus (1060–80?) zu beobachten. Die beiden Triumphkreuze im Dom und in der Liebfrauenkirche in Halberstadt sind um 1220/30 entstanden. Sie zeigen eine deutlich entwickeltere stilistische Haltung. Auch das um 1212 zu datierende Triumphkreuz in Schönhausen ist trotz der Gemeinsamkeiten stärker durch die ab 1200 auftretenden byzantinisierenden Motive geprägt, die am Halberstädter Kruzifixus noch nicht in gleicher Form zur Geltung kommen, was seine Entstehung im späten 12. Jahrhundert annehmen läßt.

B.

Armreliquiare des hl. Stephanus und des hl. Nikolaus

Inv.-Nr. 22
Reliquiar des hl. Stephanus
Höhe: 51 cm, Breite: 21 cm
vor 1208
Holzkern; vergoldetes Silberblech, Filigran, edle Steine, Perlen, Bergkristall

Inv.-Nr. 21
Reliquiar des hl. Nikolaus
Höhe: 51,5 cm, Breite: 15,5 cm
nach 1225

Armreliquiare gehören wie vergleichbare Behältnisse in Kopf-, Fuß- oder Büstenform zu den sogenannten „redenden" Reliquiaren, die eine eigene Gattung bilden. Bei solchen Behältnissen spielt die äußere Gestalt auf den Inhalt an und soll diesen nicht nur widerspiegeln, sondern gleichsam vollenden. Mit Armreliquiaren konnte auch der Segen nach der Meßfeier vorgenommen werden. „Redende" Reliquiare bildeten die logische Weiterentwicklung einer Grundkonzeption, die in Zusammenhang mit der Zur-Schau-Stellung von Reliquien auf dem Altar sowohl die kostbare Form ihrer Aufbewahrung festschrieb als auch den Wunsch der Gläubigen nach Betrachtung des Heiltums und somit der Heiligen selbst erfüllen wollte. Mit anderen Worten, man ließ solche Behältnisse herstellen, die den Reliquien ein Gesicht gaben und sie zu inszenieren vermochten.

Bei den beiden Armreliquiaren – im Domschatz finden sich neben den genannten noch weitere Beispiele – handelt es sich jeweils um einen aufrecht auf einem Sockel stehenden Unterarm mit holzgeschnitztem Kern, der mit vergoldetem Silberblech beschlagen ist. Die erhobene rechte Hand ragt aus den beiden Ärmeln der liturgischen Gewandung, dem langen, engen der Albe und dem kurzen, weiten einer kostbaren Dalmatika, die beim Stephanusreliquiar durch feine, ein textiles Webmuster nachahmende Gravuren gekennzeichnet wird. Beim Nikolausreliquiar sind vier Medaillons mit dem Agnus Dei, Lamm Gottes, und anderen Tieren um das ovale Fenster mit der Reliquie angeordnet. Goldfiligran, Perlen und Edelsteine, darunter eine antike Dionysosgemme aus Amethyst am Stephanusreliquiar, schmücken jeweils die Borten, den Sockel und den Rahmen der Schauöffnung der Behältnisse, Ringe zieren als Votivgaben die Finger.

Die Reliquien sind unter Bergkristallscheiben deutlich zu erkennen und auf Pergamentstreifen beschriftet. Das Stück der Schädeldecke des heiligen Stephanus gehörte mit Sicherheit zur Schenkung des Halberstädter Bischofs Konrad von Krosigk 1208 aus seiner vom 4. Kreuzzug aus Konstantinopel heimgeführten Beute. Es war seinerzeit schon „mit Gold und Edelsteinen geschmückt", d. h. wohl in dem Armreliquiar bewahrt, und man sieht, daß bei den „redenden" Reliquiaren die Idee eines direkten Bezugs von Form und Inhalt in der Praxis nicht immer konsequent umgesetzt wurde. Die Partikel vom Arm des Märtyrers wird gemeinsam mit dem Stück seines Hauptes im Rahmen der Präsentation der Reliquien bei der Rückkehr Konrads im Jahr 1205 angeführt.

Das Nikolausreliquiar birgt einen Finger des Heiligen, der erst nach Konrads Tod 1225 in seinem Nachlaß nach Halberstadt kam. Für diese Partikel muß auf Anweisung eines päpstlichen Legaten dann bald darauf das prunkvolle Behältnis in einer einheimischen Werkstatt geschaffen worden sein.

J.

Armreliquiare des hl. Nikolaus (links) und des hl. Stephanus (rechts).

Capite sancti

Tafelreliquiar

Inv.-Nr. 46
2. Viertel des 13. Jahrhunderts
Goldfiligran, Edelsteine, Perlen, Kristall etc.
Höhe: 45 cm

Die große, prunkvolle Tafel, geschmückt mit Goldfiligran und etwa 200 Edelsteinen, Perlen, Emailplättchen und antiken Steinschnitten, dient der Bewahrung von mehr als zwanzig verschiedenen, im Mittelalter hochbedeutenden Reliquien. Wie die Beschriftungen der sogenannten Cedulae, Reliquienzettel, zeigen, handelt es sich um solche der Apostel, Johannes des Täufers, der Maria und – im Zentrum besonders hervorgehoben – um Splitter des Heiligen Kreuzes. Kreuzpartikeln waren seit der legendären Auffindung der wichtigsten Christusreliquie durch die römische Kaiserinmutter Helena in der 1. Hälfte des 4. Jahrhunderts im Umlauf. Ein Teil der Reliquie verblieb in Jerusalem. Von den persischen Eroberern zu Beginn der islamischen Expansion geraubt, wurde sie im Jahr 628 durch den byzantinischen Herrscher Heraklios zurückgewonnen. Ein anderer Teil des „Wahren Kreuzes" gelangte schon im 4. Jahrhundert nach Konstantinopel.

Daher stammen auch die Halberstädter Splitter des lignum Domini, Kreuzesholzes, wie die meisten anderen Reliquien des Tafelreliquiars Teil des Erwerbs Konrads von Krosigk aus dem 4. Kreuzzug. Allerdings kamen sie schon im Rahmen seiner Schenkung an den Dom und gehörten nicht, wie einige der Apostelreliquien, zu seinem Nachlaß, um den es nach dem Tod des Bischofs 1225 erheblichen Streit gab. Konrad hatte sich im Jahr 1208 in das Zisterzienserkloster Sittichenbach zurückgezogen, und dessen Mönche wollten auf das so kostbare vermeintliche Erbe zunächst nicht verzichten. Ein Kompromiß mußte arrangiert werden, um die begehrten Reliquien nach Halberstadt zurückführen zu können. Mit größter Wahrscheinlichkeit wurde das Tafelreliquiar dann dort in Auftrag gegeben.

Das Behältnis ist einem prunkvollen Buchdeckel nachempfunden und knüpft an die Tradition byzantinischer Staurotheken an (griech. stauros = Kreuz), die als speziell zur Aufbewahrung von Kreuzpartikeln gedachte Reliquiare seit dem 10. Jahrhundert erhalten sind. Im Halberstädter Tafelreliquiar begegnet zudem auf beeindruckende Weise eine konkrete Symbolik, indem sich die Apostel und Heiligen im Arrangement ihrer Reliquien gleichsam um das Kreuz, das Zentrum des Heils, versammelt haben.

Kunsthistorisch von besonderer Bedeutung ist das kleine Nielloplättchen mit einer Kreuzigung Christi im Schnittpunkt der beiden Kreuzsplitter. Es gehörte wahrscheinlich zu ihrem ursprünglichen byzantinischen Reliquienbehältnis, der in den Quellen erwähnten *argentea tabula* (silberne Tafel), doch scheint diese für die öffentliche Verehrung des Heiltums im Westen nicht prunkvoll genug gewesen zu sein. So wurde das Plättchen selbst, als Teil des alten Kästchens, zur Reliquie. Die im 7. bis 9. Jahrhundert entstandene Kreuzigungsszene zählt zu den frühesten erhaltenen Darstellungsweisen des Geschehens.

Alle Reliquien des Tafelreliquiars werden unter geschliffenem Bergkristall, das an das göttliche Licht gemahnen soll, zur Schau gestellt, entsprechend dem Wunsch der einstigen Betrachter nach Unmittelbarkeit ihrer Erfahrung. Man wollte sich der Gegenwart der Heiligen vergewissern, die Fürsprache beim Jüngsten Gericht leisten sollten. Die Sichtbarmachung des Heiltums ging als verstärkte Entwicklung des 13. Jahrhunderts Hand in Hand mit dem gleichzeitigen Aufkommen der offenen Präsentation der Hostie.

J.

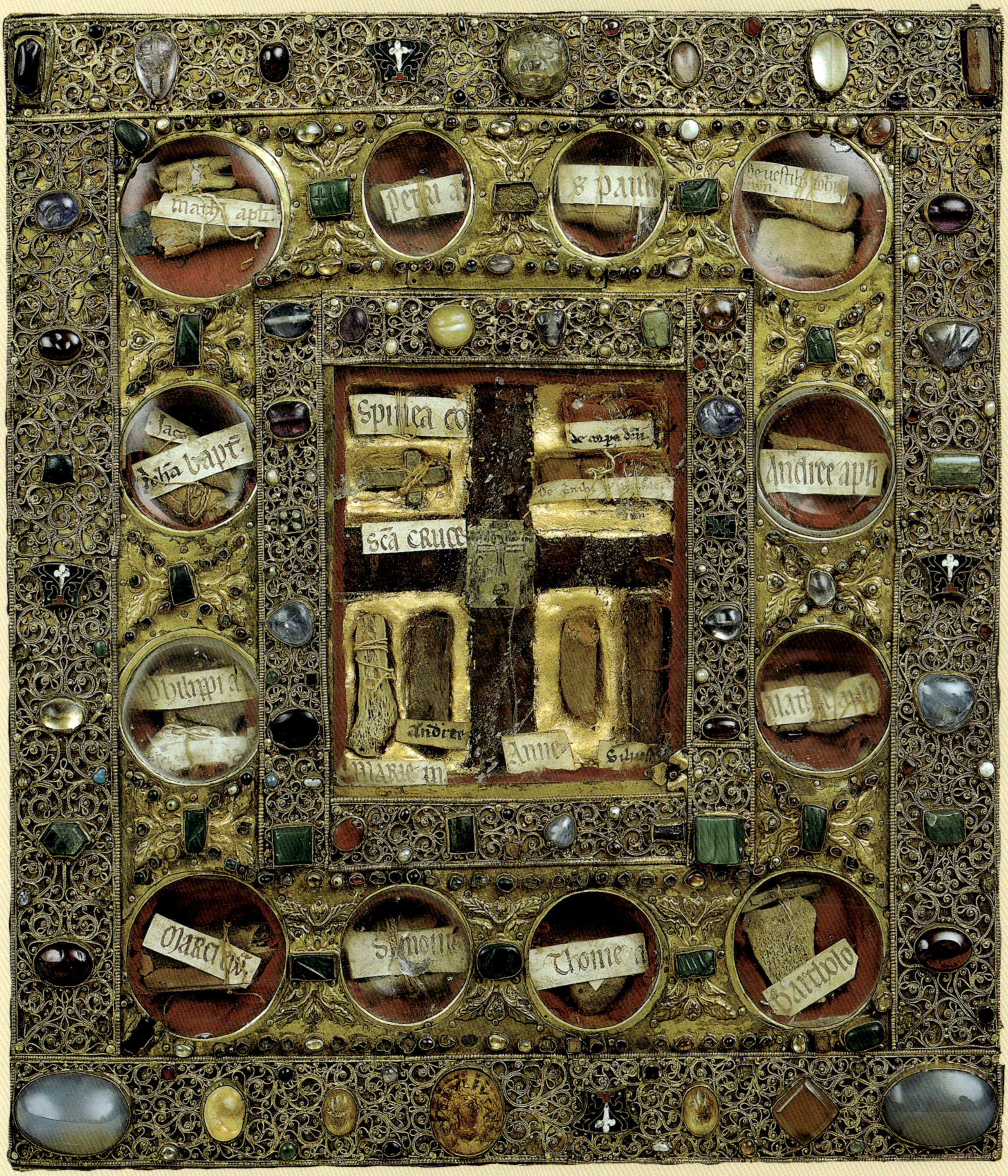
sca cruc
Anne
Thome a
Bartolo

Thronende Muttergottes mit Kind

Inv.-Nr. 586
um 1220
Eiche, mit großen Teilen der originalen Fassung
Höhe: 70,2 cm, Breite: 41,7 cm, Tiefe: 40,6 cm

Bereits Franz Kugler erfaßte 1846 mit einer kurzen Charakterisierung in seinen kunsthistorischen Reisenotizen wesentliche Züge dieses Marienbilds, indem er nicht nur auf die „steife", d. h. strenge, der Hoheit Mariens angemessene „Haltung", hinwies, sondern auch „ein sehr feines Naturgefühl und eine hohe bedeutungsvolle Schönheit" wahrnahm. Diese Züge beeindrucken den Betrachter bis heute: die vom Bild der Gottesmutter mit dem Kind ausgehende majestätische Würde der Königin des Himmels, der *regina coeli*, die Natürlichkeit und der Liebreiz der Erscheinung, die menschliche Nähe ausstrahlt, sind absichtsvoll in der einer sakralen Funktion dienenden Gestaltung zusammengeführt. In der Form letztlich einem alten byzantinischen Madonnentypus verpflichtet, sitzt Maria hochaufgerichtet in feierlicher Frontalität auf einer Thronbank. Das ebenmäßige jugendliche Gesicht bedeutet zugleich Jungfräulichkeit. Der ernste Blick ist geradeaus gerichtet und scheint vom Wissen um die Zukunft des göttlichen Sohns erfüllt. Dieser, mit Tunika und Toga antikisch bekleidet, schaut in die gleiche Richtung wie die Mutter. Seine Rechte hat er zum Segen erhoben, mit der anderen Hand ergreift er eine Buchrolle, Verweis auf die Evangelien und damit Zeichen seines späteren Lehramts. Von der Linken Marias fürsorglich gehalten, sitzt der künftige Erlöser auf dem linken Oberschenkel der Mutter, leicht zurückgelehnt und damit sein „Thronen" auf Maria unterstreichend, die ihn als *sedes sapientiae*, Sitz der göttlichen Weisheit, trägt. Die Thronbank Marias wiederum verbindet – mit den eigenartigen, vorn weniger als hinten hochgezogenen vier Ecken der Sitzfläche – die alttestamentliche Gestalt des „gehörnten" Altars in der Stiftshütte des Mose (Ex 27,2) mit dem Thron Salomos, hier erkennbar an den beiden ursprünglich die Lehne flankierenden Löwenköpfen, von denen nur einer erhalten ist. Ergänzend tritt dazu die Symbolik der farbigen Fassung. Das Gold des Gewandes Christi und des Kleides der Maria verweist auf die göttliche Allmacht und Herrlichkeit. Das Weiß des Marienmantels ist das Zeichen der jungfräulichen Reinheit und das Rot das der göttlichen und menschlichen Liebe, zugleich aber ein Hinweis auf das erlösende Blut Christi.

Das Bildwerk stammt aus der Kirche Unser Lieben Frauen, von wo es 1833 aus Sicherheitsgründen in den Dom kam. Nach der Restaurierung 1839 bis 1848 erneut in der Liebfrauenkirche aufgestellt, befindet es sich seit 1937 wiederum im Domschatz.

Nachrichten über seine ursprüngliche Bestimmung gibt es nicht. Man darf aber annehmen, daß es im Mittelalter als Kultbild der Marienverehrung diente und wohl auf einem Altar Aufstellung fand. Dafür spricht auch die nicht nur schnitztechnisch bedingte tiefe Ausarbeitung der Rückseite, die – analog vergleichbaren Marienskulpturen – Anzeichen für die frühere Unterbringung von Reliquien aufweist. Später könnte die Figur an zentralem Platz im bemalten Reliquienschrank (Inv.-Nr. 426) aufbewahrt und bei dessen Öffnung an bestimmten Festtagen gezeigt worden sein.

In Typus und Gewandstil, aber auch in motivischer Hinsicht, etwa in der eigentümlichen Thronform, gehört das Bildwerk zu einer Gruppe niedersächsischer Sitzmadonnen im Umkreis des welfischen Kunstzentrums Braunschweig. Nach Auffassung der älteren Forschung um 1220/30 geschaffen, wird jetzt eine etwas frühere Entstehung, aber noch im 2. Jahrzehnt des 13. Jahrhunderts, angenommen.

K.

Reliquienschrank
(sog. Halberstädter Schrank)

Inv.-Nr. 426
um 1245/50
Eiche, die originale Bemalung in großen Teilen erhalten
Höhe: 198,5 cm, Breite: 105 cm, oben 135 cm, Tiefe 69,5 cm

Der älteste in Deutschland erhaltene, sakral genutzte Schrank besteht als ein massiv gezimmertes Gerüst aus Pfosten und verbindenden Riegelbalken, in das die Bohlen der Rückwand, Schmalseiten und Böden eingelassen sind. Die beiden Flügeltüren der Vorderseite waren ursprünglich durch das große Kastenschloß und querliegende Eisenstangen gegen unbefugtes Öffnen zu sichern, den Stirnbalken bekrönte ein vermutlich giebelförmiger Aufsatz. Im zweigeteilten Innern war das obere Schrankfach mit roter Seide ausgeschlagen und so gegenüber dem unteren, durch einfache Klapptüren geschützten Fach besonders ausgezeichnet. Das Äußere des Schranks wurde – mit Ausnahme der Rückseite – mit einer über alle Flächen hinwegziehenden Bemalung, vor allem großen figürlichen, z. T. von Ornamentstreifen gerahmten Darstellungen, aufs Kostbarste ausgestattet: an der Vorderseite die Verkündigung an Maria, die hier ungewöhnlicherweise die linke Seite einnimmt, während der Erzengel Gabriel von rechts herantritt, beide umfangen von einer zierlichen Baldachinarchitektur. Bei den nur fragmentarisch erhaltenen Heiligengestalten an den Schmalseiten handelt es sich wohl um den jugendlich dargestellten Evangelisten Johannes (links) und den Apostel Paulus (rechts). Auf den Innenseiten der Türflügel erscheinen, in imperiale Prunkgewänder gekleidet und gekrönt, zwei heilige Jungfrauen: links Katharina mit Zepter und Reichsapfel, rechts Kaiserin Kunigunde. Ikonographisch liegt der Bildfolge ein marianisches Programm zugrunde, das die Jungfräulichkeit der Gottesmutter zum Inhalt hat. Es gewinnt hier seine besondere Bedeutung durch die ursprüngliche Bestimmung des Schranks; denn er wurde für die Aufnahme von kostbaren Marienreliquien geschaffen, nahm wahrscheinlich auch die etwas ältere Sitzmadonna (Inv.-Nr. 586) auf und stand einst hinter dem der Hauptpatronin geweihten Hochaltar der Halberstädter Liebfrauenkirche. Von dort kam er wohl um 1840 in den Dom.

Entstanden ist der Schrank, wie die historischen Zusammenhänge ergeben, kaum vor der Mitte des 13. Jahrhunderts. Seine Malereien gelten als ein Hauptwerk früher sächsischer Tafelmalerei. Auffallend sind die stilistischen Unterschiede zwischen den Darstellungen auf den Außenseiten und auf den Türflügeln innen. So zeigen die Gewänder der Figuren außen ein reiches, z. T. raumgreifendes Faltenspiel und wirken lebendiger bewegt. Die Gestalten innen erscheinen hoheitsvoll erstarrt, ihre Gewandung ist großflächiger und in der Zeichnung härter. Dennoch wurden die Malereien nicht von mehreren Künstlern, sondern – wie der technische Befund zeigt – von ein und demselben Maler geschaffen. Die stilistische Differenzierung ist also gewollt und wohl hauptsächlich durch die verschiedenen „Funktionen" des Schranks bedingt: die im geschlossenen Zustand sichtbaren Bilder zeigen und bezeugen die Kirchpatronin Maria in ihrer Jungfräulichkeit, die majestätisch-feierlichen Jungfrauen innen flankierten an bestimmten Festtagen die bei geöffnetem Schrank der „Schau" ausgesetzten heiligen Kostbarkeiten. Motivisch sind die Darstellungen von byzantinischen Vorlagen abhängig, die der Künstler wahrscheinlich selbst als Kreuzfahrer und Pilger im Heiligen Land kennengelernt hatte.

K.

KATERINA

Missale des Dompropsts Johannes Zemeke

Inv.-Nr. 474 (Schmidt, Handschriften Nr. 114)
um 1240
Pergament, Deckfarbenmalerei, 223 Blätter, z. T. paginiert
Höhe: 33 cm, Breite: 23,5 cm
lateinischer Text, das Missale einspaltig zu 16 Zeilen, in frühgotischer Textura, rubriziert; verschiedene Sequenzen und Orationen sowie Teile eines wohl in der 1. Hälfte des 14. Jahrhunderts entstandenen Ordinarius des Triduum sacrum nachträglich angehängt
Einband: braunes Leder auf Holz

Dem Plenarmissale ist ein mit gemalten Architekturrahmungen und Tierkreiszeichen reich ausgestaltetes (unvollständiges) Kalendar vorangestellt, in dem die am Halberstädter Dom gefeierten kirchlichen Feste verzeichnet sind. Der Text des Meßformulars enthält außer zahlreichen farbigen, teilweise ornamental angelegten Zierbuchstaben eine Reihe prachtvoller figürlicher Miniaturen: auf vier Seiten zierlich ausgeschmückte, thematisch auf den Text bezogene, große Initialen und zwei Vollbilder. Bei den Initialen füllen das A des Introitus *Ad te levavi* zum ersten Adventssonntag oben ein opfernder Priester, darunter die Erschaffung der Eva (p. 35), das P des *Puer natus est* der dritten Messe am Weihnachtstag eine Darstellung der Geburt Christi (p. 64), das D des *Domine ne longe facias* der Messe zum Palmsonntag der Einzug Christi in Jerusalem (p. 204) und das R des *Resurrexi et adhuc tecum sum* das Noli me tangere und die Auferstehung Christi (p. 252).

Auf dem quergeteilten Vollbild Bl. 3v sind zwei Passionsszenen dargestellt: in der oberen Hälfte die Geißelung Christi, die szenisch mit der Handwaschung des römischen Statthalters Pilatus verbunden ist, der auf dem Richtstuhl sitzt und von seiner vor ihm stehenden Frau gewarnt wird, nicht einen Unschuldigen zu verurteilen, und in der unteren Hälfte eine vielfigurige Kreuztragung Christi. Der auf seinem Zug nach Golgatha innehaltende Christus steht in der Bildmitte und wendet sich der ihm mit Maria folgenden Frauengruppe zu, seine Rechte im Redegestus erhoben und mit der Linken das Kreuz haltend, das hier schon mehr als Siegeszeichen denn als Last erscheint.

Die zweite Vollminiatur Bl. 18v ist eine traditionsgemäß am Anfang des Kanons stehende große Kreuzigungsdarstellung (s. Frontispiz). Das gebräuchliche dreifigurige Kanonbild wurde hier durch die beiden Maria begleitenden Frauen und den hinter Johannes auf den Gekreuzigten weisenden Hauptmann erweitert. Der am Kreuz hängende tote Chistus „steht" – wie der Kruzifixus der Triumphkreuzgruppe im Dom – auf einem Drachen, dessen langer geringelter Schwanz sich mit den darunter wuchernden Spiralranken, die das Bild der würfelnden Soldaten umkreisen, zur großen Initiale T des Kanonbeginns *Te igitur* verbindet. Die alttestamentlichen Darstellungen in den unteren Ecken – die Opferung Isaaks durch Abraham und das über einem Altar vollzogene Opfer des Priesterkönigs Melchisedek – verweisen, dem Schema mittelalterlicher Typologie entsprechend, als Präfigurationen auf den Opfertod Christi.

Nach dem Besitzvermerk (Bl. 2v) wurde der Kodex von *magister Johannes Semeko* (= Zemeke), *maior praepositus* eigens für den Dom beschafft. Der im frühen 13. Jahrhundert als „Johannes Teutonicus" in Bologna wirkende, berühmte Rechtsgelehrte ist seit 1220 in Halberstadt nachweisbar, wurde um diese Zeit Scholaster des Domstifts und bald auch Propst des Stifts Unser Lieben Frauen. Später zum Domdechant gewählt, war er schließlich von 1241 bis zu seinem Tod am 25. April 1245 Dompropst. In die kurze Zeitspanne seiner Tätigkeit als Propst fällt der Erwerb des Missale, das mit seinen im Figuren- und Gewandstil stark von byzantinischen Vorbildern geprägten Miniaturen zu einer ganzen Gruppe bedeutender, z. T. eng verwandter, in Niedersachsen entstandener Handschriften gehört. Stilistisch am nächsten steht dem Missale das um 1240 geschaffene prachtvolle Goslarer Evangeliar, mit dem die Forschung sogar einen Werkstattzusammenhang erwogen hat.

K.

Karlsteppich

Inv.-Nr. 520
2. Viertel 13. Jahrhundert
Kette: Leinen, Schuß: verschiedenfarbige Wolle
Höhe: 1,58 m, Breite: 1,63 m (mit Bortenstück)

Der dritte gewirkte romanische Wandteppich des Halberstädter Doms unterscheidet sich sowohl im Format als auch in der Thematik von den beiden einige Jahrzehnte älteren Teppichen mit biblischen Szenen. Das ursprünglich deutlich hochrechteckige Bildfeld umgab eine breite Palmettenborte, von der nur ein Abschnitt der linken Seite erhalten blieb.

Im Zentrum der bildlichen Darstellung sitzt König Karl der Große mit Krone und Zepter auf einem edelsteinbesetzten Thron. Mit der rechten Hand deutet er auf die Inschrift im äußeren Rahmen der ihn umgebenden Raute. Der lateinische Sinnspruch besagt: „Weder Ehre noch Macht noch Schönheit noch Jugend reichen aus, um lange Bestand zu haben; in der Welt gefallen sie dennoch mehr."

Um ihn herum sind in den Ecken, gleichfalls thronend, vier antike Gelehrte angeordnet. Während die beiden oberen aufgrund der Beschneidung des Teppichs nicht mehr identifiziert werden können, sind die beiden unteren inschriftlich als die römischen Philosophen Cato und Seneca ausgewiesen. Allen vier sind Spruchbänder beigegeben. Die Aussagen Catos und Senecas – „Zögern verdunkelt das Verdienst des Gebers" und „Wer schnell gibt, gibt doppelt" – korrespondieren miteinander im Lob der Freigebigkeit.

Die Szene stellt eine Disputation gelehrter Männer mit dem König in ihrer Mitte dar. Dieses Bild vermittelt die Vorstellung vom Philosophen auf dem Herrscherthron, der durch Weisheit und Tugend regiert – ein seit der Mitte des 12. Jahrhunderts verstärkt belebtes antikes Ideal. Karl der Große galt als der vollkommene christliche Herrscher, der in herausragender Weise diese Vorstellung verkörperte. Dieser Überhöhung entspricht auch die Darstellung Karls auf dem Teppich. Er nimmt hier den Platz ein, der seit karolingischer Zeit dem apokalyptischen Christus der Maiestas Domini vorbehalten war.

In Halberstadt ist die Verehrung Karls, der 1165 heiliggesprochen wurde, erstmals in einem Nachtrag aus dem 14. Jahrhundert im Missale des Dompropsts Zemeke nachweisbar. Sie hatte für Halberstadt eine hervorragende Bedeutung, galt doch Karl als der sagenhafte Gründer des Bistums, ein Argument, das den Halberstädter Bischofssitz besonders nobilitieren mußte. So könnte die das Bildfeld rahmende Inschrift „Ein Freund wird lange gesucht, kaum gefunden, schwieriger noch bewahrt" möglicherweise auch ein Ausdruck für die Beziehung des Halberstädter Bischofsstuhls zu Karl dem Großen sein. Der Herrscher könnte sowohl das nacheifernswerte Vorbild als auch die willkommene Person zur eigenen Legitimation verkörpert haben.

Über die Entstehungsumstände des Karlsteppichs wissen wir nichts. Die stärkere Individualisierung der Gestalten und die Lockerheit der Gewandbildung sind deutliche Anzeichen für den zeitlichen Abstand zu den älteren Teppichen. Anhand stilistischer Vergleiche, vor allem mit Werken der Buchmalerei, aber auch die bemalte Holzdecke der Michaelskirche in Hildesheim bietet sich als Parallele an, kann der Teppich in das 2. Viertel des 13. Jahrhunderts eingeordnet werden. Zu dieser Zeit wurde das ehrgeizige Vorhaben des Domneubaus initiiert bzw. gerade mit der Westfront begonnen. Vielleicht ist der Teppich mit der darauf vorgeführten Diskussion um Verdienste und Tugenden auch als ein Ausdruck der Geisteshaltung der Auftraggeber des gotischen Doms zu verstehen.

P.

Karlsreliquiar

Inv.-Nr. 68
Mitte 14. Jahrhundert
Silber, vergoldet, Glas
Gesamthöhe: 42 cm, Glasgefäß: Höhe und Durchmesser: 13,5 cm

Ein byzantinischer Noppenbecher wurde gegen Mitte des 14. Jahrhunderts mit einer großzügigen Fassung aus vergoldetem Silber versehen und zu einem Deckelpokal umgearbeitet, um eine Reliquie Karls des Großen aufzunehmen. Das helle, klare Glas weist in drei versetzt übereinander angeordneten Reihen Rundscheiben mit einer Noppe auf, die namengebend für eine ganze Gruppe von Produkten dieser Art wurden. Das Halberstädter Stück, wohl im 9. oder 10. Jahrhundert in Griechenland entstanden, mag ein Tafelgerät, vielleicht auch eine Lampenschale gewesen sein. Persien oder Ägypten sind als Herkunftsländer allerdings nicht ganz auszuschließen.

Der Pokal, vergleichbar mit einem königlichen Tafelgerät und mit dementsprechend profanen Darstellungen versehen, erhebt sich über einem sechspaßförmigen Fuß, der mit sechs Löwen verziert war, vier von ihnen sind noch erhalten. Ein sechskantiger Schaft, unterbrochen von einem Nodus in Form eines sechsseitigen Zentralbaus, trägt das Noppengefäß mit den Reliquien. Auf dem oberen Rand der Metallfassung des Glases begegnen Drolerien, Drachen und Köpfe von Mönchen, die Frauen küssen. Den Deckel dekorieren sechs Medaillons mit Rittern auf ihren Pferden und dem Reichswappen auf den Schilden.

Bekrönt wird das Behältnis von der nimbierten Büste des jugendlich-bartlosen Kaisers, die Beschriftung lautet: SANCTVS KAROLVS / REX. Seine Darstellung hat Anklänge an den Typus des alttestamentlichen Königs David und weicht ab von der üblichen Wiedergabe Karls als älterer bärtiger Herrscher, für die sich viele Beispiele im Halberstädter Dom finden, so auf dem Karlsteppich, einer der Chorschrankentüren, dem Bronzeleuchter im Kapitelsaal und bei einer Skulptur an der Südempore des Domes. Falls die kleine Büste erst später hinzugefügt wurde, müßte man annehmen, daß der Pokal zunächst als profanes Gefäß gedacht war.

Zu den zahlreichen Reliquien, im Inneren des Glases in kleinen Säckchen an einem Drahtgestell aufgehängt, gehört als wertvollstes Stück eine Partikel der Schädeldecke Karls des Großen, hinzu kommen Reliquien von zwölf anderen Heiligen. Der Kaiser galt als Gründer des Bistums und genoß große Verehrung in Halberstadt. Im Dom wurde ihm 1337 ein eigener Altar geweiht, 1343 ein Jahresfest gestiftet. In diese Zeit dürfte der Pokal datieren. Schon 1165 war Karl auf Initiative des Kaisers Friedrich Barbarossa heiliggesprochen worden, bestätigt allerdings nur vom damaligen Gegenpapst Paschalis III., weshalb die Heiligsprechung nicht allerorts anerkannt wurde. Friedrich hatte auch für die Erhebung der Gebeine des karolingischen Herrschers in Aachen gesorgt und ihre Übertragung in einen neuen Schrein in die Wege geleitet, die aber erst 1215 vollzogen wurde. Im Rahmen dieser Maßnahme wurden Partikeln der Karlsreliquien abgezweigt und in eigenen Behältnissen bestattet bzw. als Geschenke weitergegeben.

Es wurde vermutet, daß die Metallfassung des Karlspokals eine Arbeit des Rhein-Maas-Gebiets sei, doch könnte man sich die Fassung aus guten Gründen auch im niedersächsischen Raum, vielleicht im näheren Umkreis Halberstadts, z. B. in Magdeburg, entstanden denken.

J.

Mitra mit Goldborten

Inv.-Nr. 131
2. Hälfte 13. Jahrhundert
weißer Halbseidensamit, vergoldeter Silberlahn, farbige Seide, Fluß- und Glasperlen, farbige Steine, Filigran, einseitig geprägte, vergoldete Silberplättchen
Höhe: 25 cm, Breite: 30 cm, Länge der Behänge: 46 cm, Breite: ca. 5 cm

Das Recht, bei feierlichen Handlungen eine Mitra zu tragen, galt in der Regel als Privileg der Bischöfe. Doch konnte auch Äbten oder Domgeistlichen die Würde dieser liturgischen Kopfbedeckung vom Papst zugesprochen werden. So gestattete Papst Alexander II. in einer Urkunde von 1063 dem Halberstädter Bischof Burchard II., daß er und seine Nachfolger, aber auch ausgewählte Kanoniker, an bestimmten Festen die Mitra tragen durften.

Die hier vorgestellte Mitra wurde etwa zwei Jahrhunderte später angefertigt. Sie ist damit die älteste der acht im Domschatz erhaltenen Mitren. In ihrer Form entspricht sie den bis zum Ende des 13. Jahrhunderts gebräuchlichen Proportionen, indem sie eine geringere Höhe als Breite hat.

Der Grundstoff der Mitra – eine weiße Halbseide – tritt fast vollständig hinter dem reichen Schmuck zurück. Zwei breite Goldborten, der horizontal verlaufende Circulus und die vertikal bis zur Spitze der Hörner reichenden Tituli bestimmen den Gesamteindruck. Auf die fein gemusterten Goldborten sind in regelmäßigen Abständen gleicharmige Kreuze aus blauen, grünen und weißen Perlen mit größeren Steinen an den Eckpunkten aufgenäht. Wie ein Saum umläuft ein Band aus aufgesetzten Plättchen mit Filigran und Perlen die Mitra als unterer Abschluß. Die weißen Zwickelflächen der Hörner zieren Kreise aus rotem Seidentaft, die dicht mit dunkelblauen Perlen bestickt sind. Die aufgenähten achtstrahligen Sterne bestehen aus einem feinen Muster von Goldfiligran. Im Zentrum eines jeden Sterns war ursprünglich ein viereckiger dunkler Stein eingesetzt. Außerdem zierten runde Steine die Spitzen und Zwickel der Strahlen.

Ein fast identischer Stern befindet sich auf dem Buchdeckel des Lektionars mit dem Johannesrelief (Inv.-Nr. 44). Die zierlichen Ranken und Blätter kommen in ähnlicher Form an den Filigranborten der beiden Armreliquiare des heiligen Nikolaus und des heiligen Stephanus (Inv.-Nr. 21 u. 22) und am Tafelreliquiar (Inv.-Nr. 46) vor, die alle im 2. Viertel des 13. Jahrhunderts entstanden.

An der Rückseite der Mitra sind Behänge mit langen Fransen angebracht. Diese Fanones zeigen auf Goldgrund ein Schachbrettmuster aus grüner, roter, weißer und hellblauer Seide. In den Feldern aus farbiger Seide saß jeweils ein runder Stein, so daß man sich die ursprüngliche Wirkung der Fanones um einiges prächtiger als heute vorstellen muß.

Die Hauptmerkmale der Mitra, die Proportionen, der Goldfiligranschmuck und die blattförmigen Pailetten weisen auf ihre Entstehung in der 2. Hälfte des 13. Jahrhunderts.

P.

Mitra mit Perlstickerei

Inv.-Nr. 132
um 1300
weißer Seidensamit, Pergament, Flußperlen, Korallen, vergoldete Metallperlen, farbige Glasperlen, farbige Steine, vergoldetes Silberblech
(Behänge verloren)
Höhe: 26,5 cm, Breite: 29 cm

Die auf das Üppigste mit Perlen bestickte Mitra führt die große Kunstfertigkeit und die Prachtentfaltung der mittelalterlichen Textilkunst eindrucksvoll vor Augen. Sie ist nahezu vollständig erhalten und wirkt in der Farbigkeit der Schmuckelemente erstaunlich frisch.

Den Untergrund für die Perlstickerei bildet teilweise Pergament, große und sichtbare Flächen bestehen jedoch aus einer dünnen Goldfolie. Die beiden Schmuckborten, Circulus und Titulus, sind besonders breit und aufwendig gestaltet. Horizontal umziehen die Mitra vielfach ineinander geschlungene Ranken mit Weinblättern, in die auf der Vorder- und Rückseite jeweils zwei vierpaßförmige Medaillons eingebunden sind. Miniaturartig zeigen sie Darstellungen aus der mittelalterlichen Tiersymbolik: Ein Vogel erhebt sich mit weit ausgebreiteten Flügeln über züngelnden Flammen. Nach der Beschreibung des Physiologus ist es der Phönix, der, nachdem er sich selbst verbrannt hat, aus seiner Asche wieder emporfliegt. In dem anderen Medaillon beugt sich ein Löwe über seine im Nest liegenden, totgeborenen Jungen, um sie mit seinem Atem zum Leben zu erwecken. Auf der Gegenseite sind ein auffliegender Adler mit einem Jungvogel im Schnabel und der mit seinem Blut die getöteten Jungen nährende Pelikan dargestellt. Alle vier Motive sind Allegorien der Auferstehung Christi und versinnbildlichen die christliche Hoffnung auf die Auferweckung der Toten.

Auf dem Titulus bilden Ranken zwei miteinander verbundene Spitzovale, deren Inneres je drei Weinblätter ausfüllen. Alle Borten werden von Bändern aus quadratischen Feldern eingefaßt, die wechselnd aus blütenbestickten Goldblechen und Feldern aus roten Korallen mit blattähnlichen goldenen Zargenfassungen bestehen, die jeweils einen dunkelroten Stein tragen.

Nur kleine Flächen des weißen Seidenstoffs bleiben seitlich der dominierenden Borten sichtbar, und auch diese sind in regelmäßigem Muster mit Dreiergruppen von Goldperlen bestickt. Darauf ist in jedem Zwickelfeld eine sechsblättrige, mit roten Steinen besetzte Blüte aus Goldblech aufgenäht.

Die Mitra zeichnet sich besonders durch die Stickereien mit Flußperlen, farbigen Glasperlen, Goldperlen und roten Korallen aus. Lange Zeit meinte man, daß die Perlen importiert wurden. Es gibt jedoch Zeugnisse dafür, daß Flußperlmuscheln auch in einheimischen Gewässern in größerer Zahl anzutreffen waren, bevor sie im 18. Jahrhundert durch Raubbau fast gänzlich ausgerottet wurden. Deshalb können für die niedersächsischen Perlstickereien – zu denen diese Mitra gehört – durchaus Perlen etwa aus den in der Lüneburger Heide nachgewiesenen Vorkommen verwendet worden sein.

Wie die übrigen im Halberstädter Domschatz verwahrten Stücke mit Perlstickerei – vor allem eine Hostiendose mit dem Agnus Dei auf dem Deckel (Inv.-Nr. 148), ein Antependium (Inv.-Nr. 203) und das Aurifrisium einer Altardecke (Inv.-Nr. 158) – gehört die Mitra in die Blütezeit dieser Technik um 1300.

P.

Blaue Kasel mit gestickten Adlern

Inv.-Nr. 210
2. Hälfte 13. Jahrhundert
blauer Seidensamit, vergoldeter Silberlahn, rote Seide
Höhe: 1,61 m, Breite: 1,46 m (beschnitten)

Die durch den Kontrast von dunklem Blau und Gold außerordentlich repräsentative Kasel zählt zu den schönsten hochmittelalterlichen Gewändern des Halberstädter Domschatzes.

Das Tragen des ärmellosen Gewandes, der Kasel (lat. *casula* – Hüttchen, Häuschen), ist ausschließlich den Priestern und Bischöfen während der Meßfeier vorbehalten. Bis ins 13. Jahrhundert war die Kasel ein an allen Seiten gleichlang von den Schultern herabfallender, geschlossener Überwurf, der den ganzen Körper bedeckte. Ihrer Form nach werden solche Kaseln als Glockenkaseln bezeichnet.

Die blaue Kasel gehört noch dieser Gruppe an, in ihrer ursprünglichen Form zeigte sie freilich an ihren Seiten bereits eine leichte Reduzierung der Stoffülle. In späterer Zeit ist das Gewand einseitig beschnitten worden, vielleicht im Zuge einer Modernisierung oder zur Stoffgewinnung. Daß die kostbaren Stoffe häufig wiederverwendet wurden oder auch in übriggebliebenen kleinen Resten als Flicken dienten, demonstrieren mehrere Gewänder im Domschatz.

Der Grundstoff der Kasel ist ein einfarbiger, ungemusterter Seidensamit. Auf der Vorder- und Rückseite des Gewandes sind breite Goldborten in Form von Gabelkreuzen aufgenäht. Eine ebensolche Goldborte säumt den Halsausschnitt. Sie bestehen aus einem Gewebe von Goldfäden und verschiedenfarbiger Seide und gehören zu einer Gruppe von Borten, die an Gewändern hochrangiger Persönlichkeiten verwendet wurden, beispielsweise am Wiener Kaiserornat. Wahrscheinlich wurden diese Borten im 12. und 13. Jahrhundert in Palermo auf Sizilien hergestellt. Auf den Goldborten der blauen Kasel wechseln sich in drei Streifen gegenständige Löwen mit Blüten bzw. kleine Tiere mit Pflanzenornamenten ab.

Den blauen Stoff bedecken regelmäßig in Reihen angeordnete Adler und jeweils dazwischen gesetzte achtblättrige Rosetten in Metallstickerei. Diese Motive wurden auf das bereits fertig geschneiderte Gewand gestickt, da sie über die Nähte hinwegreichen und auf die Bortenkreuze Rücksicht nehmen. Ihre aus Goldfäden in versenkter Anlegetechnik hergestellten, geometrisch gemusterten Flächen sind mit roter Seide konturiert. Der vergoldete Silberlahn ist an vielen Stellen verloren, so daß die gelbe Seidenseele der Fäden sichtbar wird. Augen und Krallen der Adler waren ursprünglich mit feinen gelben Seidenfäden gestickt. Die Adler sind stark stilisiert und wirken heraldisch vereinfacht.

Prinzipiell läßt sich das Kaselmuster als Weiterentwicklung der repräsentativen byzantinischen Adlerstoffe verstehen. Die sehr schlanke Form der Adler offenbart eine bereits an gotischen Vorbildern orientierte Auffassung der Körperhaftigkeit, weshalb die Entstehung der Kasel wohl im späten 13. Jahrhundert anzusetzen sein dürfte. Unmittelbare Vergleichsstücke für diese Kasel fehlen. Die Stickerei mit den geometrischen Flächenfüllungen legt nahe, daß die Kasel in Niedersachsen angefertigt wurde. Sie läßt sich im übrigen in einem Inventar aus dem 16. Jahrhundert nachweisen und ist dort verzeichnet als: „Der Blawe athlas mit den Gulden fogelen".

P.

Gesticktes Leinentuch

Inv.-Nr. 94
letztes Viertel 13. Jahrhundert
weißer Leinenstoff, weißes Leinen, verschiedenfarbige Seide
Maße des gesamten Tuches: Höhe: 1,20 m, Breite: 4,00 m

Das heute auf den ersten Blick verblichen und wenig attraktiv erscheinende Tuch beeindruckt durch eine große künstlerische und handwerkliche Meisterschaft. Die Genauigkeit und Feinheit der Linienführung und die Vielfalt der Motive, Muster und Sticktechniken werden erst bei eingehender Nahbetrachtung deutlich. Die Stickereien standen einst in kräftigen Farben vor dem Grund des hellen Leinengewebes.

Das Mittelfeld zeigt im Zentrum eines großen Vierpasses die Kreuzigung Christi mit Maria und Johannes. Der Kreuzstamm wächst bis in eine himmlische Sphäre mit Sonne und Mond im oberen Bogen des Vierpasses empor. Dort ist auf dem Kreuz das Nest eines Pelikans angeordnet. Mit dem Bild dieses Vogels, der nach dem Physiologus seine getöteten Jungen zum Leben erweckte, ist im Kreuzestod Christi schon die siegreiche Auferstehung vorgezeichnet. Das grün gestaltete Kreuz wird somit zum Lebensbaum. Die in den Zwickeln des Vierpasses angeordneten vier Wesen stehen zum einen für die vier Evangelisten, zum anderen aber auch als die vier „lebenden" Begleiter des – nach der Apokalypse des Johannes – zum Jüngsten Gericht wiederkehrenden Weltenherrschers. Drei alttestamentliche Szenen rahmen die Kreuzigung: die Opferung Isaaks (1 Mose 22, 1–14), die Kundschafter mit der Traube (4 Mose 13, 23–24) und die Aufrichtung der Ehernen Schlange (4 Mose 21,9; Joh 3, 14), nach dem typologischen Verständnis des Mittelalters sämtlich Vorausabbildungen der Kreuzigung Christi. Zu beiden Seiten des Mittelfeldes sind in mehreren Reihen Medaillons mit den Brustbildern von Propheten des Alten Testaments, Aposteln und Heiligen angeordnet, von denen allerdings nur die wenigsten identifiziert werden können. Sie bilden eine Versammlung hervorragender Männer und Frauen, die, durch das Zeugnis ihres eigenen Lebens geheiligt, in Anbetung und als Fürsprecher dem Heilsgeschehen beiwohnen.

Reiche Stickereien auf Leinentüchern wie diesem Halberstädter Tuch sind seit der zweiten Hälfte des 13. und im 14. Jahrhundert hauptsächlich im Gebiet zwischen Harz und Lüneburger Heide angefertigt worden. Die Vermutung liegt nahe, daß die Stickerinnen unter den Damen der hier ansässigen Stifte und Klöster zu suchen sind. Zeitlich und stilistisch können die Stickereien zwischen einer Decke aus Kloster Heiningen und einem Behang aus dem Brandenburger Dom eingeordnet werden, was für das Tuch eine Datierung in das letzte Viertel des 13. Jahrhunderts ergibt.

Der ursprüngliche Gebrauch des Tuches läßt sich nicht mit Sicherheit bestimmen. Als Altartuch diente es wohl erst in einer Zweitverwendung. Zu diesem Zweck war eine inzwischen wieder entfernte Schmuckkante am vorderen Rand befestigt worden. Ursprünglich wird wohl an eine hängende Funktion, sei es als Antependium eines großen Altars oder als Behang vor einer Wand, zu denken sein.

P.

Ablaßtafel

Inv.-Nr. 32
nach 1290
Messing (Gelbkupfer), Gravierung in Niello
Höhe: 40,2 cm, Breite: 24,2 cm

Die wie ein Plakat zu betrachtende, reich gravierte Messingtafel ist ein seltenes Zeugnis der hochmittelalterlichen Ablaßpropaganda und zugleich der Marienverehrung in Halberstadt. Am Südostportal der Liebfrauenkirche, wo die Tafel bis 1832 angebracht war, teilte sie den Gläubigen in lateinischer Sprache einst mit, welcher Bußerlaß hier zu erlangen ist: „Kardinäle, Erzbischöfe und Bischöfe haben dieser Kirche 7 Jahre und 45 Tage Ablaß verliehen und obendrein 10mal Erlaß des vierzigtägigen strengen Fastens. Der Papst, Herr Nicolaus IV. gab 1 Jahr und 40 Tage und Herr Papst Innozenz IV. 40 Tage. Dieser Ablaß besteht an allen Festtagen der heiligen Maria und am Tag der Kirchweihe und am jeweils 7. Tag danach. Die Summe des Ablasses beträgt 8 Jahre 85 Tage und 10mal vierzigtägiges strenges Fasten."

Die Tafel ist mit Schmuckborten gerahmt. Unter der neunzeiligen Inschrift in frühgotischen Unzialen ist die Muttergottes mit dem Kind dargestellt. Sie erscheint mit der über dem Kopfschleier getragenen Krone und dem kurzen Lilienszepter in ihrer Rechten als *regina coeli,* als Königin des Himmels. Mit der Linken hält sie sorgsam den seitlich auf ihrem Schoß sitzenden und mit einem langen Hemdchen, ohne die Toga, gekleideten Jesusknaben, der seine rechte Hand zum Segensgestus erhoben hat, während seine Linke eine Buchrolle umgreift – das Zeichen seines späteren Lehramts. Maria sitzt, in einen weiten Mantel gehüllt, auf einem breiten und reich geschmückten Thron mit Sitzkissen und hoher Lehne, die seitlich von Türmchen flankiert wird.

Die „Zeichnung" in Niello wirkt wie die graphische Umsetzung einer skulptierten Sitzmadonna, die in wesentlichen Zügen ihrer Gestaltung noch dem klassischen 13. Jahrhundert verpflichtet ist und mit der gewiß das einst in der Kirche aufgestellte Bildwerk (Inv.-Nr. 586) gemeint sein sollte. Der Gesamtausdruck und die formalen Details sind freilich der veränderten Stilhaltung zur Entstehungszeit der Tafel um 1300 angepaßt: An die Stelle einer wirklichkeitsnahen, individualisierenden Figurenauffassung und einer fast realistischen Gewandbehandlung ist mit der eleganten, schwingenden Linienführung eine stärkere, für die beginnende Hochgotik charakteristische Stilisierung und in einzelnen Details – wie etwa beim Faltenwurf, besonders über den Füßen, aber auch in der Gürtelpartie – eine bereits formelhafte Typisierung getreten. Entscheidend für den Zweck, d. h. für das Wiedererkennen durch den Betrachter der Tafel, war aber wohl, daß in diesem Abbild der Madonna die Erscheinung der Schnitzfigur in ihren konstitutiven Zügen wiederkehrt. Denn damit konnte und sollte unmißverständlich ausgedrückt werden, wie die im Text der Tafel angebotene Gnadenfülle zu gewinnen war: durch den Besuch der Liebfrauenkirche vornehmlich an den zahlreichen Marienfesttagen und durch die Verehrung der Kirchpatronin in ihrem Gnadenbild.

Die an ihrem ursprünglichen Anbringungsort nach der zeitweiligen Schließung der Liebfrauenkirche im 19. Jahrhundert gefährdete Tafel gelangte durch die Aufmerksamkeit von Domprediger Augustin schon vor 1833 in den Dom.

K.

Wärmapfel mit Lederetui

Inv.-Nr. 14
um 1300
Kupfer, graviert, ziseliert, vergoldet; Etui: Leder
Durchmesser der Kugel: ca. 10 cm, des Etuis: 13,2 cm

Die kostbare, aus zwei ineinanderfügbaren Kalotten bestehende, goldschimmernde Kugel gibt den meisten Besuchern der Schatzkammer zunächst ein Rätsel auf. Mit Rundbildern der vier Evangelisten an ihren Pulten ist die eine der beiden Halbkugeln geschmückt, mit deren Symbolen die andere. So stehen Markus und der Löwe, Matthäus und der Engel, Lukas und der Stier sowie Johannes und der Adler senkrecht übereinander. Die Zwischenräume der gliedernden Viertelkreise füllt feines Blattwerk.

Um 1300 entstanden, ist das Stück einer der wenigen, nicht mehr als elf erhaltenen mittelalterlichen Wärmäpfel. Diese luxuriösen Gebrauchsgegenstände konnten mit Holzkohle, einem aufgeheizten Stein oder einem glühenden Metallbolzen gefüllt werden und dienten in der Tat zum Wärmen der Hände des Priesters, wenn dieser im Winter im kalten Kirchengebäude die Messe zu feiern hatte. Denn er mußte mit liturgischem Gerät hantieren, ohne daß es den klammen Fingern entgleiten oder der Abendmahlswein verschüttet werden durfte. Wenn das praktische Kleinod aus vergoldetem Kupfer nicht benutzt wurde, lag es neben Kreuz und Evangelienbuch auf dem Altar – daher die delikate künstlerische Gestaltung und das wertvolle Material. Der Wärmapfel wurde also gleichsam in die Liturgie einbezogen, galt aber nicht als liturgisches Gerät.

Ein solches Objekt gehörte zumeist zur persönlichen Ausstattung eines hohen Klerikers, deshalb gibt es ein Lederetui dazu, in dem der Wärmapfel aufbewahrt und, am Gürtel getragen, mitgeführt werden konnte. Das Etui des Halberstädter Wärmapfels ist mit Wappen und Vögeln geschmückt und das einzige verbliebene des Mittelalters.

Wärmäpfel wurden vielleicht schon in karolingischer Zeit verwendet, in größerer Zahl sind sie ab dem Ende des 12. Jahrhunderts bezeugt. Vor allem produzierte man sie im Rhein-Maas-Gebiet, aus dem wohl auch dieses Stück stammt, in England und in Paris. Man schmückte die Kugeln mit christlichen Motiven oder Ornamenten. Sie wurden ebenfalls im profanen Bereich von Wohlhabenden und Aristokraten benutzt, und sind dann in ihrer Form oft schwer von ähnlichen Räucher- und Duftkugeln zu unterscheiden. Im 16. Jahrhundert sollten Wärmäpfel sich sogar zu einem allgemeinen Nutzgegenstand entwickeln, im Barock versiegte ihre Produktion.

J.

Taufbecken

Inv.-Nr. 399
Anfang 14. Jahrhundert
Bronze, Reste polychromer Fassung
Höhe: 80 cm, oberer Durchmesser: 61 cm

Das Bronzebecken, das der Überlieferung nach aus der Kirche des Paulusstifts stammt, besitzt eine sich konisch und leicht konkav nach unten verjüngende Wandung, die mit acht szenischen Reliefs geschmückt ist und über eine ursprüngliche, heute nur noch fragmentarisch erhaltene polychrome Fassung verfügt. Die Relieffelder werden jeweils von einem auf schlanken, fialenbekrönten Halbsäulchen aufliegenden zinnenbekrönten Dreieckgiebel überfangen. Das Becken begrenzen ober- und unterhalb je ein ornamentaler bzw. ein Palmettenfries. Die Fünte steht auf drei kurzen Füßen. Obwohl überwiegend die Vierzahl in Bezug auf die vier Paradiesflüsse auftritt, konnte eine Fünte auch nur von drei Figuren getragen werden, wie das Taufbecken der Wismarer Nikolaikirche (1335) belegt.

Die acht Reliefs bilden Szenen der Kindheit und Jugend Christi ab, beginnend mit der Verkündigung der Botschaft durch den Engel Gabriel an die Jungfrau Maria. Das zweite Relief zeigt in dicht gedrängter Form zwei Ereignisse: die Heimsuchung und die Geburt Christi. Dann folgen die Verkündigung an die Hirten, die Anbetung des Kindes durch die Heiligen Drei Könige aus dem Morgenland, der bethlehemitische Kindermord, die Darbringung Christi im Tempel, die Flucht nach Ägypten und als abschließendes Relief die Taufe Christi im Flusse Jordan.

Im Aufbau und der Art der szenischen Darstellungen lassen sich deutliche Parallelen zur Taufe in der Halberstädter Martinikirche erkennen. Das in seiner naiven Auffassung und teilweise ungelenken Wiedergabe befangene Werk mutet an wie die Arbeit eines Schülers in Nachahmung seines Meisters, verbunden mit dem Bemühen um eigene Bildfindungen. Die Rahmung sowie dekoratives, die Fläche ausfüllendes Beiwerk sind weniger vielteilig oder fehlen ganz. In der Taufszene weicht die Fünte gänzlich vom Motiv der Martini-Taufe ab. Dort wird die Figur des nackten Christus vom Wasser des Flusses Jordan gleich einem Mantel umhüllt, ein Motiv das u. a. am Taufkessel des Hildesheimer Doms (1240) vorgebildet ist. Die Taufe im Halberstädter Dom stellt dagegen den Täufling als vollständig unbekleidete Figur dar, die nur mit den Füßen im Wasser steht. Ihm zur Seite der Täufer und ein Engel, der ein Gewand bereithält. Stilistisch zeigen die Reliefs beider Taufbecken in ihrer Gewandbildung noch Anklänge an den die Kunst des 13. Jahrhunderts prägenden Zackenfaltenstil. Gleiches gilt für die in dieser Zeit verstärkt zu verzeichnenden kompositionellen Rückgriffe auf die byzantinische Kunst wie im Bild der liegenden Gottesmutter in der Geburtsszene. Im Vergleich mit der um 1290 zu datierenden Bronzefünte in der Rostocker Marienkirche erweisen sich beide Halberstädter Taufbecken jedoch als fortgeschrittener, abzulesen in einem ersten Bemühen um einen weicheren Linienfluß, der sich in den Gewändern ebenso abzuzeichnen beginnt, wie in geschwungenen Körperlinien. In den Reliefs der Martini-Taufe eleganter bewältigt, versucht sich ebenso der Meister der Taufe im Dom, wenn auch etwas unbeholfen, an dieser neuen Formensprache, was auf eine Datierung in den Anfang des 14. Jahrhundert schließen läßt.

B.

Die Madonna mit der Korallenkette

Inv.-Nr. 394
um 1400
Tempera auf Eichenholz
Höhe: 1,07 m, Breite: 1,02 m

Das nach seiner zentralen Figur benannte gemalte Altarretabel gehört mit einer Tafel der Marienkrönung (Inv.-Nr. 398) und der einer Madonna im Strahlenkranz (Inv.-Nr. 461) zu der ersten um und nach 1400 entstandenen Gruppe von Tafelgemälden in der Domsammlung. Neben der Mitteltafel, der Madonna inmitten einer Versammlung von Heiligen, ist nur der linke Seitenflügel mit der Figur Johannes des Täufers erhalten. Geschlossen zeigte der Altar die Verkündigung an Maria. Getragen von einem dichterisch zu nennenden Duktus der Komposition sind es die Feinheit dieser Malerei, die Zartheit der Figuren wie der Schmelz der Farben, die diese Tafel in ihrer vielgerühmten Innigkeit zu den besten Werken ihrer Zeit zählen lassen. Sie ist einem Meister im Umkreis des Conrad von Soest zu verdanken, mit dessen Figurenbildung auf den Flügeln des Wildunger Altares (1403) sie manche Züge gemein hat.

Gleichsam schützend umstehen männliche Heilige, Baldachinfiguren, die fünf heiligen Frauen: außen die beiden Johannes – denn der verlorene rechte Flügel dürfte den Evangelisten dargestellt haben – und innen Petrus und Paulus, die im engeren Sinn zur Gruppe der *Sacra Conversazione* der Mitteltafel gehören. Mariens Thron nimmt im mauerumschlossenen Garten die Bildmitte ein. Indem das Christuskind die blutrote Korallenkette der jungfräulichen Gottesmutter spielerisch ergreift, ist ein Vorzeichen auf die Passion Christi gegeben, die sich auch in der Weintraube bekundet, die die hl. Anna bereithält, während die hl. Magdalena mit ihrer Salbbüchse auf die Auferstehung des Herrn hinweisen mag. Besonderen Ausdruck findet dieses Marienbild aber in der innigen Beziehung von Maria und dem Christuskind mit den zwei heiligen Jungfrauen im vorderen Bildraum, eine Verknüpfung also der *Conversazione* mit dem Bildtypus der *Virgo inter Virgines* (Jungfrau unter den Jungfrauen): Der Gottesmutter gleichen diese in der Darstellung der ganzen Figur, der lichten Reinheit des Inkarnats und den perlengestickten Kronen, die Maria als Himmelskönigin, die hl. Katharina und Barbara aber als Königstöchter tragen. Für den zeitgenössischen Betrachter wird damit die Anspielung auf die Gegenwart Christi in der Monstranz, die als Attribut für Barbara gewählt ist, und nicht weniger die – hier nicht einmal verbildlichte – mystische Verlobung der Katharina von Alexandrien mit Christus erkennbar gewesen sein. Das Retabel ist erstmals im frühen 19. Jahrhundert nachweisbar, und zwar in der Marienkapelle, der mit Bildwerken reich geschmückten Scheitelkapelle des Chorumgangs. Es liegt daher nahe, dieses kostbare Malwerk als Aufsatz des sehr wichtigen Altares dieser Kapelle – dem Nachfolger des ehrwürdigen Marienaltars der alten Domkrypta – anzusehen.

F.

Marientabernakel

Inv.-Nr.: 15
1. Viertel 14. Jahrhundert
Holz und Elfenbein, teilweise polychrom gefaßt, Flügelaußenseiten bemalt
Höhe: 56 cm, Breite: 22 cm

Die Schatzkammer bewahrt mit dem aus einer französischen Werkstatt stammenden Marientabernakel ein besonders prachtvoll geschmücktes Stück. 1680 hatte es der Dechant Virgil Hofer von Urfahrn der Liebfrauenkirche geschenkt, 1833 gelangte es in den Dom. Derartige Tabernakel dienten der privaten Andacht ihrer Besitzer zu Hause und auf Reisen, sind jedoch nicht mit einem Haus- oder Reisealtärchen zu verwechseln. Das Halberstädter Tabernakel, das auf Grund seiner Größe zu den sogenannten großen Polyptychen zählt, folgt einem Marientabernakel in Lyon. Üblicherweise waren derartige Klappbilder vollständig aus Elfenbein gefertigt. Nicht so das Halberstädter: Es besteht, vielleicht auf Grund seiner Größe, aus einem hölzernen Gehäuse und Figurenreliefs aus Elfenbein. Das mit zwei Flügeln zu verschließende Tabernakel ruht auf einem von vier Löwentatzen getragenen Sockel. Hinter der von drei Wimpergen bekrönten Arkatur tritt ein Satteldach mit reichem Fialenaufbau hervor. Die Flügel sind zweifach mit ringförmigen Scharnieren versehen. Das jeweils innenliegende Drittel des Flügels dient zum Verdecken der Schmalseite, der Rest zum Schließen der Ädikula-Vorderseite. Diese ist in drei spitzbogige Arkaden unterteilt, deren mittlere Nische die thronende Madonna mit dem Kind aufnimmt, die äußeren, etwas schmaleren jeweils einen leuchtertragenden Engel. Die Innenseiten der Flügel sind ebenfalls dreigeteilt. In zwei Reihen übereinander sind auf der linken Seite die Verkündigung und die Heimsuchung dargestellt, darunter die Anbetung der Heiligen Drei Könige, denen im äußeren Feld genrehaft noch ein Diener mit Pferden hinzugefügt wurde. Auf der rechten Flügelinnenseite sind die Heilige Familie und darunter die Darbringung im Tempel zu sehen. Die oberen Reihen außen werden jeweils von der Darstellung der Ecclesia und der Synagoge als Personifizierung des alten und neuen Bundes abgeschlossen. Die Außenseiten zeigen eine gemalte Darstellung der Verkündigung an Maria.

Üblich war eine partielle farbige Fassung der Elfenbeine. Bemerkenswert am Halberstädter Tabernakel ist der gute Erhaltungszustand der Polychromierung.

Das führende Land in der gotischen Elfenbeinskulptur war Frankreich. Vor allem in Paris hatte sich am Ende des 13. Jahrhunderts eine Vielzahl von Werkstätten etabliert, die auf die Herstellung von Elfenbeinskulpturen spezialisiert waren. Die in der Themenvielfalt eher eingeschränkten Werkstätten – gefragt waren vorrangig Marienstatuetten, Marientabernakel, Diptychen und Triptychen – griffen immer wieder auf Prototypen zurück, die vielfältig variiert wurden. Wie auch die Edelmetallkunst orientierte sich die im kleinen Format arbeitende Elfenbeinkunst an Formen der Architektur ebenso wie an der Monumentalplastik. Für eine zeitliche Einordnung ist von entscheidender Bedeutung, ob es sich um ein stilistisch richtungsweisendes Einzelwerk oder um ein Serienprodukt handelt. Die beiden leuchtertragenden Engel in Halberstadt stehen noch in der Tradition der Mitte des 13. Jahrhunderts. Das Bemühen um räumliche Tiefenwirkung durch Einfügen einer Arkatur hingegen setzt erst im letzten Viertel des Jahrhunderts ein, so daß, auch unter Einbeziehung der Malerei, eine Entstehung des Tabernakels zu Beginn des 14. Jahrhunderts angenommen werden kann.

B.

Holzschalen

Inv.-Nr. 324
„Abendmahlschale"
Durchmesser: 40,5 cm

Inv.-Nr. 325
„Philosophenschale"
Durchmesser: 43,7 cm

1. bis 2. Viertel 14. Jahrhundert
Holz, beidseitig bemalt

Die zwei mit metallisch schimmernden Malereien geschmückten, gedrechselten Holzschalen – zwischen der Grundierung und den eigentlichen Farben liegt eine silbrige Malschicht – beeindrucken nicht durch Kostbarkeit des Materials, sondern neben ihrer Seltenheit vor allem durch ihr ungewöhnliches Bildprogramm, das sich zwar im einen Fall ganz im Rahmen christlicher Thematik bewegt, auf dem anderen Stück aber umfassend heidnisch-antike Traditionen bemüht.

Das Zentrum der einen Schale nimmt ein Rundbild ein, auf dem man den thronenden Christus erkennen kann, der dem vor ihm knienden Judas als Zeichen des kommenden Verrats einen Bissen vom Brot des Abendmahlstisches reicht, welcher gedeckt im Hintergrund zu sehen ist. Diese Ikonographie der Verratsankündigung ist einzigartig. Umgeben wird die Darstellung von einem Kranz von Arkaden, darunter als Halbfiguren die zwölf Apostel, einschließlich Paulus. Die lateinischen Inschriften mahnen: „Wenn du bei Tische bist, gedenke zuerst des Armen." Und: „Es wird dann gut gegessen, wenn Christus gegenwärtig ist."

Auf der anderen Schale sind vierzehn griechische und römische Dichter, Philosophen, auch Ärzte, zusammengestellt, die sich anhand von Beischriften identifizieren lassen. Zu den antiken Autoren zählen Ovid, Vergil, Juvenal, Cicero, Platon, Aristoteles, Diogenes, Hippokrates und Galen. Vier von ihnen erscheinen in den Viertelkreisen des zentralen Rundbildes, die anderen zehn in einzelnen, das Zentrum umgebenden Bildnismedaillons. Alle Dargestellten galten als Vorbilder philosophischer Vernunft oder tugendhaften Lebenswandels, und jeden umgibt ein Zitat aus seinen Schriften, das zumeist eine Alltagsweisheit anführt. So heißt es bei Diogenes: „Zur eigenen Verbesserung braucht man Freunde oder Feinde." Und Galen wird der Satz zugeschrieben: „Gegen die Macht des Todes ist kein Kraut gewachsen." Viele der Zitate entstammen einer im Mittelalter sehr beliebten Sammlung antiker Sentenzen und Proverbien wohl des Caecilius Balbus, die man zu den *libri manuales* zählte, d. h. Handbüchern mit Tugendlehren, welche ohne ein bestimmtes Auswahlprinzip zusammengestellt wurden.

Die beiden vermutlich von demselben Maler bzw. in derselben Werkstatt dekorierten Schalen lassen sich mit Hilfe von Buchmalereien zwischen 1310 und 1340 datieren. Vor allem die Philosophenschale mag ein auch in anderen Gattungen zur Verwendung gekommenes Bildprogramm spiegeln. Die Funktion der Schalen ist nicht eindeutig geklärt. Die Hypothese, daß sie zur Aufnahme von Almosen dienten, wurde widerlegt und durch die Vermutung ersetzt, daß es sich um Schalen handeln könnte, die entweder vom Abendmahl übriggebliebene konsekrierte Hostien aufnahmen, oder solche Hostien, die als Reste der Vorbereitung des Herrenmahls ohne Konsekration im Refektorium an das Domkapitel ausgegeben wurden.

J.

„Philosophenschale"

OVIDIUS
VIRGILIUS

Doppelfigur mit Madonna und hl. Stephanus

Inv.-Nr. 434
um 1420
Holz, polychrom gefaßt
Höhe: 82 cm (mit Nimbus), Breite: 57 cm (mit Mandorla)

Im Kapitelsaal ist eine Doppelfigur aufgestellt, die auf der Vorderseite eine Madonna auf der Mondsichel im Strahlenkranz und auf der Rückseite den Patron des Bistums Halberstadt und des Doms, den hl. Stephanus, zeigt. Beide Figuren stehen Rücken an Rücken, der Strahlenkranz und der scheibenförmige Nimbus sind vermittelnd eingefügt. Die Madonna im Strahlenkranz mit dem Mond zu Füßen war hervorgegangen aus dem Bild vom apokalyptischen Weib in der Offenbarung des Johannes (Offb. 12,1). Eine Verschmelzung dieses Bildes der *mulier amicta sole*, also des mit der Sonne bekleideten Weibes, mit dem der Gottesmutter hatte etwa 1200 eingesetzt und war in spätmittelalterlicher Zeit ein weitverbreitetes Motiv. Seit dem frühen Mittelalter galt der Mond ob seiner steten Veränderung als Symbol des Vergänglichen, im weiteren als Sinnbild der Unbeständigkeit des Irdischen. Mit dem Mond unter ihren Füßen wird die Madonna zur Überwinderin alles Irdischen. Die Figur des Stephanus auf der Gegenseite ist der Tradition gemäß als jugendlicher Diakon mit Albe und Dalmatika und mit drei Steinen in der rechten Hand als Hinweis auf sein Martyrium dargestellt.

Stilistisch steht die Figurengruppe in der Nachfolge des Weichen Stils, einer höfisch geprägten internationalen Kunstrichtung der Zeit um 1400, mit Zentren sowohl im Westen (Paris) als auch im Osten (Prag). Anmut der Figuren, die sich vor allem in der Lieblichkeit der Gesichter und der Schönlinigkeit des Faltenwurfes niederschlug, ist kennzeichnendes Merkmal. Der weich fließende Stoff bildet große, gleichmäßig verteilte Schüsselfalten vor dem Körper, die als Zeichen der Spätphase nun aber nicht mehr rund, sondern spitz gebrochen sind. Der Mantel der Madonna fällt an beiden Seiten in sogenannten Kaskadenfalten. Die Körperlinie der Madonna beschreibt durch das Stehen im Kontrapost mit linkem Standbein und nach links geneigtem Kopf eine s-förmige Linie. Durch die große Krone als die zukünftige Himmelskönigin ausgewiesen, schaut sie mit wehmütigem Blick auf ihren Sohn in Vorausahnung der Passion.

Der Typus der Doppelmadonna, der ein Bild der Gottesmutter entweder auf beiden oder, wie in der Halberstädter Skulptur, nur auf einer Seite aufnimmt, hat seinen Ursprung in Burgund. Verbreitung fand er in Deutschland vor allem in Verbindung mit fast immer frei im Kirchenraum aufgehängten Marienleuchtern, eine Verwendung, die sich auch für die Halberstädter Gruppe denken läßt.

B.

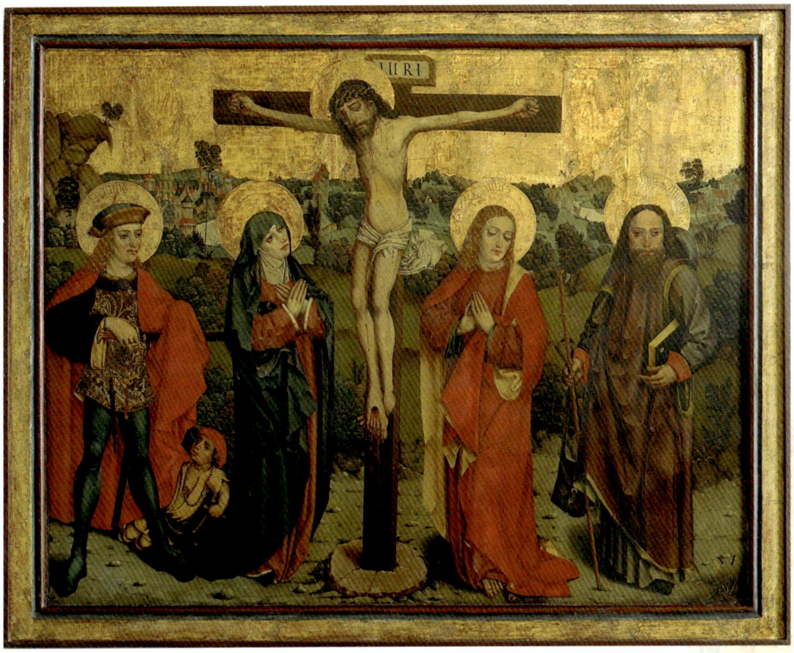

Kreuzigung Christi mit den heiligen Martin und Jakobus

Inv.-Nr. 395
um 1470/1480
Tempera auf Eichenholz
Höhe: 1,29 m, Breite: 1,63 m

Das Bild des Gekreuzigten mit Maria und Johannes ist auf dieser Tafel um zwei Heilige erweitert. Erinnert einerseits die altertümlich-feierliche Reihung der Figuren unmittelbar an geschnitzte Altarretabel, so kann andererseits die Hinzunahme der Landschaft als eine wesentliche, der Malerei gegebene Neuerung für die Behandlung dieses Bildthemas gelten. Schattenschlag und Perspektive als Mittel der Verräumlichung stehen dem Maler dieser Altartafel ebenso zu Gebote wie eine naturalistische Präzision in der Malweise, wobei sich diese Fertigkeit weniger als Naturbeobachtung, denn als genaues und gekonntes Verarbeiten älterer Bilderfindungen erweist. Der unwirtlich-steinige Boden von Golgatha, in dessen schematische Geröllfläche das Kreuz Christi paßgenau eingelassen war: Dieser vordere Bildraum geht ohne die Angabe eines Mittelgrundes in eine begrünt-bergige Landschaft über. Anstelle des Himmels wird hier und auch noch bei jüngeren Halberstädter Tafeln der traditionelle Goldgrund beibehalten.

Die schmächtige, gemarterte Gestalt des am Kreuz erhöhten Gottessohnes ist vom Leiden gezeichnet, und wenn dieser Verlassenheit etwas entgegengesetzt wird, dann ist es die standbildhafte Gegenwart der großen Heiligenfiguren: in alter Bildtradition Maria in ihrem geschlossenen Gewand, zu Christus emporblickend, und Johannes in der schmerzerfüllten Geste des abgewandten Hauptes, dazu, dem übergeschichtlichen Sinn dieser Kreuzgruppe folgend, die heiligen Jakobus d. Ä. und Martin. Jakobus ist als Jünger Jesu und Apostel charakterisiert und durch die Kennzeichen des Pilgers ausgewiesen. Links im Bild teilt der hl. Martin seinen Mantel mit einem bettelnden Krüppel. So beiläufig, wie dieses vonstatten geht, dient die Handlung allein der Identifikation des kostbar und modisch gekleideten jungen Edelmanns als des großen fränkischen Heiligen, dem in Halberstadt seit alters die Kirche der Marktsiedlung geweiht ist. Sind diese Heiligen in Bezug auf Christus Weggefährten und Nachfolger des Gekreuzigten, so kommt ihnen in der spätmittelalterlichen Frömmigkeit in besonderer Weise „Zuständigkeit“ für soziale Gruppierungen zu, wie sie auch als ganz persönliche Patrone in Anspruch genommen werden können.

Der unbekannte niedersächsische Maler dieses um 1470/1480 entstandenen Bildes wurde mit dem Notnamen des „Meisters der Halberstädter Kruzifixustafel“ bezeichnet, da u. a. eine zweite Kreuzigungstafel des Domes in der Figuren- und Landschaftsbildung sehr ähnlich erscheint (Inv.-Nr. 393). Gegenüber der zeichnerischen Härte dieses Bildes, die auch die eindrucksvolle Tafel eines hl. Christophorus charakterisiert (Inv.-Nr. 418), wird man die Kreuzigung mit Martin und Jacobus als das zweifellos ältere Werk des führenden Meisters dieser Werkstatt ansprechen müssen: In der Körperlichkeit und Klarheit der Figuren, der Ausprägung der Physiognomien geht sie den anderen Tafeln voran, und in der Nebenfigur des Bettlers zeigt sich das Vermögen dieses Meisters.

Die Tafel stand im frühen 19. Jahrhundert auf dem Altar im zweiten westlichen Joch des Nordseitenschiffes. Erwähnung verdient, dass auch eines der großen Fenster im Chorumgang dem Leben des hl. Martin gewidmet war. Und unter den Chorpfeilerfiguren, einem Apostelzyklus, steht die Statue des hl. Jakobus major über den Stufen zum Hochaltar nächst der des Apostels Petrus.

F.

Kalvarienberg

Inv.-Nr. 381
um 1460
Alabaster und Holz
Höhe: 2,18 m, Breite: 1,55 m

Die aus Alabaster gefertigte vielfigurige Kreuzigung hatte ihren Standort wohl von Anfang an auf dem Kreuzaltar im Dom; nachweislich stand sie im 18. und 19. Jahrhundert noch dort. Die Darstellung besteht aus mehreren Figurengruppen, die auf einem hölzernen Landschaftssockel angeordnet sind. Zentrales Motiv ist das hoch aufragende Kreuz Christi. Unter dem Kreuz stehen die beiden trauernden Gestalten der Muttergottes und des Lieblingsjüngers Johannes, seitlich die niedrigeren Kreuze der beiden Schächer. Die darunterliegende Zone nehmen heute nur noch zwei mehrfigurige Gruppen ein: links Longinus zu Pferde, die Linke vor den geschlossenen Augen, zum Zeichen seiner noch nicht überwundenen Blindheit, begleitet von drei Soldaten und einem kleinen Hündchen. Die rechte Gruppe stellt den Hauptmann zu Pferde in Begleitung von Soldaten und eines in bischöflichem Ornat gewandeten Reiters dar. Die mittlere Gruppe der um den Mantel Christi würfelnden Soldaten galt seit dem Zweiten Weltkrieg als verschollen. Im Jahr 2000 tauchte das Relief unerwartet im Kunsthandel auf. Der Domstiftung war es jedoch nicht gelungen, das Stück für die Sammlung zurückzuerwerben.

Der Halberstädter Kalvarienberg ist neben dem sogenannten Rimini-Altar (Frankfurt/Main, Liebighaus) eines der wenigen erhaltenen Beispiele der in Alabaster ausgeführten Skulpturengruppen gleichen Themas. In Alabaster gearbeitete vielfigurige Kreuzigungen müssen in der 1. Hälfte des 15. Jahrhunderts, nach den Quellen und erhaltenen Fragmenten zu urteilen, weite Verbreitung gefunden haben. Die deutsche Werkstatt der Halberstädter Alabasterkreuzigung führte nach der Mitte des 15. Jahrhunderts diese Tradition fort, den ikonographischen Typus der Rimini-Kreuzigung, eines in einer flämischen Werkstatt um 1430 gefertigten Altaraufsatzes, variierend. Figuren und Gewänder sind der veränderten Stilauffassung angepaßt. Obwohl der Halberstädter Kalvarienberg keine Kopie der Rimini-Kreuzigung darstellt, sind die Gemeinsamkeiten vielfältig. Das Kreuz Christi mit den Evangelistensymbolen an den Balkenenden und der Kreuzblume ragt hoch über die übrige Gruppe hinaus. Die Skulpturen sind nur an wenigen Stellen polychrom gefaßt. Gewandsäume, Schmuckdetails und das Zaumzeug sind vergoldet. Die Haare und Mähnen, Lippen und Augen sind naturalistisch gefaßt. Auffällig ist die Wiederverwendung des plastisch ausgearbeiteten Gesichtsschildes, der einem der Reiter der linken Gruppe beigegeben ist. Einen ähnlich gearbeiteten hält der Hauptmann der Rimini-Kreuzigung. Es ist ein Motiv, das sowohl in der niederländischen als auch in der böhmischen Malerei verbreitet war. Der Soldat links neben dem Schild trägt wie sein Gegenstück in Frankfurt einen Kastenbrustharnisch. Alabaster ermöglichte eine besonders detailreiche und feingliedrige Bearbeitung, die sich in den Verzierungen der Gewänder, der Mitra des mittleren Reiters der rechten Gruppe oder am Zaum- und Sattelzeug der Pferde widerspiegelt.

Erhaltene in Alabaster ausgeführte Werke der Zeit um 1460 und deren hohe Qualität sprechen für mehrere, auf die Verarbeitung dieses Materials spezialisierte Werkstätten in Mitteldeutschland. Als Werk einer mitteldeutschen, vielleicht sogar Halberstädter Werkstatt erweist sich der Kalvarienberg im stilistischen Vergleich mit Skulpturen des Doms selbst und mit einem Alabasterrelief der Anbetung der Heiligen Drei Könige in der Halberstädter Andreaskirche.

B.

INRI

Flügelaltar

Inv.-Nr. 415
um 1500
Holz, polychrom gefaßt
Mittelschrein: Höhe: 1,60 m, Breite: 1,52 m, Predella: Höhe: 0,62 m, Breite: 1,57 m

Die Marienkrönung und die Segnung der gekrönten Gottesmutter durch ihren Sohn oder Gottvater sind ein verbreitetes Motiv in der mittelalterlichen Retabelkunst. Letztere ist zentrales Thema des Flügelaltars in der Neuenstädter Kapelle. Diese ab 1503 errichtete Kapelle war von dem Domherrn Balthasar von Neuenstadt gestiftet und reich dotiert worden. Das in seinem äußeren Aufbau vollständig erhaltene, zweifach wandelbare Retabel mit seinem filigranen, bis hoch in das Gewölbe reichenden Gesprenge vermag einen Eindruck von der einstigen Pracht spätmittelalterlicher Altaraufsätze zu vermitteln. In der mittleren, nischenartigen Vertiefung sitzen die beiden nahezu lebensgroßen Figuren der gekrönten Gottesmutter und Christi. Seitlich durch eine Zwischenwand von der mittleren Szene getrennt, stehen die beiden Hauptapostel Petrus und Paulus. Die Figuren werden von einem gemalten Brokatteppich mit Granatapfelmuster hinterfangen. Den Mittelschrein schmückt ein vielteiliges Schleierwerk aus Kielbögen mit Kreuzblume, eingeschriebenen Halb- und Dreiviertelkreisen sowie Blattranken. Die Flügel nehmen – in Nischen geringerer Tiefe als der Mittelschrein – die vier Kirchenväter Gregor und Augustinus links, Antonius und Hieronymus rechts auf. Wie die Apostelfürsten stehen auch die Kirchenväter auf Sockeln, die mit ihren Namen versehen sind.

Die Skulpturen zeigen die für das ausgehende 15. Jahrhundert typische Gewandbehandlung. Diagonal vor den Körper gelegte Mäntel und geraffte Gewandpartien erlauben eine Vielfalt von Drapierungen und einzelnen Faltenformen. Das Wechselspiel von Körper und Gewand bietet die Möglichkeit, räumliche Tiefe zu suggerieren, die in diesem Maße nicht existiert.

Die Wandlungen des Altars erfolgten in Abhängigkeit vom kirchlichen Kalender. Die Öffnung und damit Zurschaustellung des am aufwendigsten gestalteten Mittelschreins erfolgte nur an den höchsten Festtagen. Die erste Wandlung, die sogenannte Sonntagsseite, zeigt in acht Darstellungen Szenen aus dem Marienleben. Die Außenseiten des zweiten Flügelpaars, ergänzt um die Standflügel, sind der Passion Christi gewidmet. Die Rückseiten des Mittelschreins und der Standflügel tragen eine Weltgerichtsszene mit der Deesis. Die Darstellungen des Marienlebens bzw. der Passion Christi setzen sich auf der ebenfalls durch ein Flügelpaar zu verschließenden Predella fort. Zentrales Thema in der Predella ist eine plastische Darstellung des Marientodes.

Bekrönt wird der Altarschrein von einem hoch aufragenden filigranen Gesprenge mit den vollplastischen Skulpturen der Madonna im Strahlenkranz zwischen den heiligen Jungfrauen Katharina und Barbara – darüber bis dicht unter das Gewölbe reichend die Figur des mit dem Drachen kämpfenden Erzengels Michael, der eine direkte Verbindung zur Weltgerichtsszene der Rückseite herstellt. Durch eine Überarbeitung der Fassung 1897 in seiner Erscheinung zwar verunklärt, wird das Retabel um 1500 entstanden sein.

B.

Kreuzigungsaltar von Hans Raphon

Inv.-Nr. 397
1508/09
Tempera auf Nadelholz
Höhe: 1,56 m, Breite: 1,44 m

Im geschlossenen Zustand zeigt das Retabel die Versammlung der Apostel mit der Szene des ungläubigen (und schließlich die Göttlichkeit Christi bezeugenden) Apostels Thomas und, inmitten von sieben heiligen Jungfrauen, die hl. Elisabeth von Thüringen. So war der für das 3. westliche Joch des nördlichen Seitenschiffs bezeugte Altar diesem Apostel und der 1235 kanonisierten Heiligen gewidmet, von der seit dem Jahr 1270 Reliquien im Dom bewahrt wurden – sie sind bis heute in einem Ostensorium aus Bergkristall (Inv.-Nr. 48) zu sehen.

Seine Schönheit und Pracht entfaltet der Altar in geöffnetem Zustand. Auf der unteren Rahmenleiste der Mitteltafel nennt sich der aus Nordheim stammende Maler Hans Raphon als der, der das Werk im Jahr 1508 in Einbeck hergestellt und vollendet hat. Diese Mitteltafel stellt die Kreuzigung Christi als figurenreichen und farbigen Bildbericht dar, wie er in spätmittelalterlicher Zeit bevorzugt worden ist.

Über allem Volk erhebt sich das Kreuz Christi, und, der Überlieferung getreu folgend, ihm zur Seite die Kreuze mit den beiden Schächern. Wie die edle Gruppe der trauernden Frauen mit Johannes – links im Bild – verharrt daneben, am Fuß des Kreuzes Christi, kostbar gekleidet und ihrem Schmerz hingegeben, Maria Magdalena. Das gehört ebenso zur Bildtradition wie die verschrobenen Gestalten der vier um das Gewand Christi würfelnden Kriegsknechte. Dahinter, im Gedränge des Volkes, hat der Maler sieben Pferde untergebracht. Zwei davon sind als prachtvolle Schimmel mit ihren Reitern bedeutungsvoll ins Bild gerückt: Von links reitet im herrschaftlich-roten Gewand eines Würdenträgers Longinus von Cäsarea heran, um sich mit einem Lanzenstich in die Seite Jesu vom Tod des Gekreuzigten zu vergewissern (wobei er erblindet). Ihm gegenüber prangt in goldener Rüstung der Hauptmann der Kriegsknechte, dessen Bekenntnis – „Wahrlich, dieser ist Gottes Sohn gewesen" – auch im Blick auf das Bild des hl. Thomas der Außenseite als hervorgehobene Aussage dieses Retabels zu verstehen ist.

Die vier Flügelbilder stellen mit der Verkündigung und Geburt Christi, der Anbetung der Könige und der Darstellung im Tempel (erst 1509 datiert) den unmittelbaren Bezug zwischen der Menschwerdung Gottes und dem Kreuzestod her. Hat sich Hans Raphon für diese Szenen im Vorlagenangebot der zeitgenössischen Graphik umgesehen, so erweist er sich insbesondere mit seiner Fähigkeit, Porträtköpfe zu malen, als eigenständiger Meister.

F.

Schwarzviolett-goldenes Brokatsamtpluviale

Inv.-Nr. 213
letztes Viertel 15. Jahrhundert
schwarzvioletter Seidensamt mit Goldfadenlancierung, Silberlahn und vergoldeter Silberlahn, verschiedenfarbige Seide auf Leinen
Höhe: 1,50 m, Breite: 3,17 m, unterer Umfang: 5,00 m

Das Pluviale beeindruckt durch den besonderen Prunk des italienischen Brokatsamts. Die Wirkung des dunklen Samts ist fast ganz zurückgedrängt, indem er zu schmalen musterbildenden Graten reduziert wurde bzw. als Grundfläche hinter den wirkungsvoll hervortretenden Brokatmustern liegt. Auf jeder Stoffbahn des Pluviales zieht sich ein breites Wellenband entlang, in welchem eine bandumwundene Ranke verläuft. In großen Abständen wird dieses Band von Spitzovalen mit einem Kranz aus Nelkenblüten unterbrochen. Darin ist jeweils als zentrales Motiv ein großer Granatapfel angeordnet, dessen Blütenstand die Rahmung sprengt. Über die gesamte Fläche der Stoffbahn winden sich außerdem verschlungene Akanthusranken mit Blüten und Früchten.

Solche repräsentativen Stoffe wurden in der 2. Hälfte des 15. und im frühen 16. Jahrhundert in den Zentren der Samtherstellung, Florenz und Venedig, angefertigt. Die Motiventwürfe stammen zum Teil von bedeutenden Künstlern ihrer Zeit, auch fanden diese Stoffe oft ein Abbild auf zeitgenössischen Gemälden.

Auf dem flachen Schild im Nacken des Gewandes ist in Reliefstickerei Christus, stehend und in einen Mantel gehüllt, abgebildet. Eine neben ihm kniende weibliche Gestalt ging verloren und ist nur noch in der Vorzeichnung ablesbar. Die Szene

Pluvialbesatz

stellt die Begegnung des von den Toten auferweckten Christus mit der am Ostermorgen zum Grabe eilenden Maria Magdalena dar (Joh 20,11–18). Die Pflanzen und der Zaun im Hintergrund weisen den Ort der Handlung als Garten aus. Maria Magdalena erkennt in dem zunächst irrtümlich für den Gärtner Gehaltenen Christus, der sie mit den Worten *Noli me tangere* (Berühre mich nicht) anspricht.

Die senkrechten Kanten der Vorderseite des Pluviales umzieht ein breiter Besatzstreifen mit einer Folge gestickter Heiligenfiguren.

Wie die beiden Wappen am unteren Rand des prunkvollen Pluviales ausweisen, wurde es von Erzbischof Ernst von Sachsen gestiftet. Er war 1476 zum Erzbischof von Magdeburg gewählt und 1480 auch zum Administrator von Halberstadt bestellt worden. In seine Regierungszeit fiel die Schlußweihe des Halberstädter Domes im Jahr 1491. Vielleicht hat das prächtige Gewand zu diesem Anlaß gedient.

P.

Schwarze Samtkasel mit gesticktem Kreuz

Inv.-Nr. 193
Anfang 16. Jahrhundert
schwarzer Seidensamt, verschiedenfarbige Seide, vergoldeter Silberlahn, Flußperlen, Leinengrund
Höhe: 1,33 m, Breite: 0,95 m, Balkenbreite des Kaselkreuzes: 0,20 m

Ein schwarzes Gewand weist, abgesehen von Beerdigungen, auf den Gebrauch während einer der großen Fastenzeiten oder am Karfreitag hin. Im liturgischen Farbenkanon steht die Farbe Schwarz, wie auch das Violett, für Buße, Sühne und Trauer.

Auf dem tiefschwarzen Samt tritt das aufwendig gestaltete Kaselkreuz besonders wirkungsvoll in Erscheinung. Christus hängt mit herabgesunkenem Haupt am Kreuz. Ein großer Nimbus mit Strahlen zeichnet ihn aus. Den Körper bekleidet nur das Lendentuch, dessen faltige Stoffbahnen zu beiden Seiten emporwehen. Über dem Kreuz ist Gottvater als Halbfigur mit langem, wallenden Haar und Bart dargestellt. In der linken Hand hält er die Weltkugel, mit der Rechten deutet er auf den gekreuzigten Sohn. Zu beiden Seiten des Querbalkens sind, ebenfalls als Halbfiguren, zwei männliche Heilige angeordnet. Ihre Attribute, der Schlüssel und das Schwert, weisen sie als die beiden Apostel Petrus und Paulus aus. Unterhalb des Gekreuzigten trennt ein quer über die Stickereifläche laufender, umwundener Stab die obere Szene von den Begleitfiguren im unteren Teil des Kaselkreuzes. Maria und Johannes stehen gleich Pfeilerfiguren auf Konsolen. Am Fuß des Kreuzes kniet mit erhobenen Händen Maria Magdalena.

Darunter ist das Wappen des Dompropsts Balthasar von Neuenstadt aufgenäht. Neuenstadt war seit 1461 Domherr und beförderte als Dompropst, gewählt 1474, im und am Dom eine Reihe von Bauvorhaben. Die Grabplatte des 1516 Verstorbenen befindet sich auf der südlichen Querhausempore. Ganz sicher ist der kunstsinnige Kirchenmann auch der Auftraggeber dieser Kasel gewesen.

Die Stickerei wirkt nicht zuletzt durch den Wechsel verschiedener Techniken. Der Stickgrund ist vollständig in Flachstickerei geschlossen. Für die perspektivisch dargestellten Kreuzesbalken wurden auf ihrer Vorderfläche Goldfäden in Anlegetechnik verwendet. Ein Flechtmuster aus Goldfäden in gleicher Technik bedeckt die gesamte Hintergrundfläche. Die Figuren sind mit verschiedenfarbiger Seide in Spaltstichen auf Leinen gestickt. Um sie plastisch hervortreten zu lassen, wurden sie mit Stoffwülsten hinterlegt und dann auf den Untergrund appliziert. Die Gestalt des Gekreuzigten hebt sich durch ihre größere Dramatik, die sich in einer stärkeren Plastizität, dem S-Schwung des Körpers und dem wehenden Lendentuch äußert, von den übrigen, weniger plastisch modellierten und ruhigeren Figuren ab. Zur besonderen Hervorhebung der Strahlen um Christi Haupt, der Konturen der Heiligenscheine und des Lendentuchs sowie der Blattranken unterhalb des Corpus wurden Perlen verwendet.

Detailbildung und Feinheit der Zeichnung, etwa in Gesichtern und Haaren, weisen das Kaselkreuz als eine sehr qualitätvolle Stickerei aus. Der Typus der Kreuzigung mit Gottvater, Petrus und Paulus ist häufiger anzutreffen. So gibt es im Halberstädter Domschatz ein weiteres Kaselkreuz mit dieser Darstellung. Auch in Hildesheim finden sich zwei gleichartige Kaselkreuze. Anhand stilistischer Vergleiche, auch mit Werken der zeitgenössischen Tafelmalerei und Plastik, kann die Stickerei in die Zeit um 1500 bzw. den Anfang des 16. Jahrhunderts eingeordnet werden.

P.

Marienteppich

Inv.-Nr. 523
Anfang 16. Jahrhundert
Kette: Leinen, Schuß: verschiedenfarbige Wolle und gebleichtes Leinen
Höhe: ca. 1,55 m, Breite: 6,85 m

Der Wirkteppich schildert auf einer Gesamtlänge von fast 14 Metern in zwölf Szenen wesentliche Begebenheiten aus dem Leben der Maria nach der im Mittelalter allgemein verbreiteten Ikonographie. Der Teppich wurde in zwei Teilen gearbeitet, von denen hier der erste vorgestellt wird.

An den Anfang ist eine Begebenheit aus der Kindheit Mariens gesetzt. Maria soll im Tempel Gott geweiht werden, wie ihre am Fuß der Treppe zurückbleibenden Eltern Joachim und Anna gelobt hatten. Ebenso wie die folgende Szene der Verlobung Mariens mit Joseph beruht der Tempelgang nicht auf der Schilderung der Evangelien, sondern einer apokryphen Überlieferung, dem Protevangelium des Jakobus. Es folgen die Verkündigung durch den Engel mit den auf einem Schriftband beigegebenen Worten *Ave, gratia plena, Dominus tecum* (Sei gegrüßt, voll der Gnade, der Herr ist mit dir) und die Begegnung zwischen Maria und Elisabeth. Nach der Geburt Christi zeigt die letzte Szene die Beschneidung des Knaben. Auf dem zweiten Teppichteil folgen die Anbetung durch die Heiligen Drei Könige, die Darstellung im Tempel, die Flucht nach Ägypten, der zwölfjährige Jesus im Tempel, der Tod der Maria und die Marienkrönung.

Der Teppich bildet kompositorisch eine Verbindung szenischer Darstellungen mit einem, die gesamte Bildfläche gleichmäßig deckenden Flächenmuster. Vor dem einfarbig roten Hintergrund breitet sich ein Rankenwerk in verschiedenen Grüntönen aus, wobei in die ringförmig gebogenen Ranken Motive aus Blättern, phantasievollen Blüten- oder Fruchtgebilden und kleinen Blumen eingewoben sind. Die Figuren stehen in jeder Szene auf einem eigenen Wiesenstück, auf dem sich außerdem eine Vielzahl von kleinen Tieren tummelt, die durch die Frische und Unbefangenheit der Darstellung bestechen. So zufällig und unvermittelt sie auch in die Szenen gesetzt erscheinen, gehören sie in ihrer allegorischen Aussage unmittelbar zum Thema. Sie sind als zeitgenössische Untermalung und interpretierende Bekräftigung der Bildaussage der Marienszenen zu verstehen. So ist der Hase in Bezug auf Maria als Fruchtbarkeitssymbol zu deuten. Von Hunden gehetzt, versinnbildlicht er die von bösen Mächten gejagte menschliche Seele. Auch der mehrfach wiederkehrende Hirsch kann in zweierlei Bedeutung verstanden werden. Er symbolisiert zum einen Christus, wird zum anderen – nach Psalm 42 – aber auch mit der gottsuchenden Seele gleichgesetzt.

Wenngleich textilgeschichtlich Einflüsse aus der hochstehenden flandrischen Teppichkunst spürbar sind, entstand der Marienteppich doch wohl im Einflußgebiet der niedersächsischen Heideklöster, möglicherweise im Lüneburger Raum. Stilistische Übereinstimmungen sind sowohl mit den großen Bildteppichen, als auch mit Altarbildern niedersächsischer Meister vorhanden. So wurde beispielsweise eine enge Verwandtschaft zu Hans Raphons Gestalten auf dem Kreuzigungsaltar aus dem Halberstädter Dom festgestellt.

Mit großer Wahrscheinlichkeit war der Teppich für die von Dompropst Balthasar von Neuenstadt 1503 gestiftete Marienkapelle, das spätgotische Kapellengebäude am westlichen Kreuzganggflügel, bestimmt. Daß der Geistliche große Wandteppiche besessen hat, geht aus seinem Testament hervor. Er könnte auch diesen Teppich, der wohl an beiden Längswänden der Kapelle hing, für die Ausstattung seiner Kapelle in Auftrag gegeben haben.

P.

IOSEPH
SANTA
MARIA

IOACHIM
SANCTA
ANNA

Flügel eines Sippenaltars

Inv.-Nr. 457a–c
bald nach 1513
Tempera auf Nadelholz
Höhe: 1,33–1,35 m, Breite: 0,39 m

Mehrere der Halberstädter Altarretabel sind nicht vollständig erhalten. Einer dieser gemalten Aufsätze zeigt auf zwei erhaltenen Schwenkflügeln und auf einem von ehemals zwei Standflügeln die Personen der hl. Sippe, rückseitig auf den Schwenktafeln die Standfiguren der hl. Sixtus und Erasmus. Diese faßten bei geöffnetem Schrein das verlorengegangene Mittelbild ein – wohl die als Fragment erhaltene Tafel mit Maria unter dem Kreuz, Inv.-Nr. 458 –, während die Sippendarstellung auf die ursprünglich vier Tafeln der Werktagsseite verteilt war. Um diese nächste Verwandtschaft der Maria zu einer Gruppe zusammenzuschließen, hat der unbekannte Maler die trennenden Bilderrahmen überspielt: Die weiblichen Mitglieder haben auf einer Rasenbank und vor einem Rosenhag Platz genommen, sind also gewissermaßen einer Einladung Mariens nachgekommen. Außerhalb dieses Gartens bleiben die zugehörigen Männer, und sie sind nur als etwas blasse Halbfiguren, dazu traditionell ohne die hier plastisch aufgetragenen Nimben wiedergegeben, miteinander aber durch den Redegestus ihrer Hände verbunden. Die Mitteltafeln kommen Maria mit dem segnenden Christuskind und ihrer Mutter, der betagten hl. Anna, zu. Rechts von ihr, als Orientalin mit einem hübschen Turban charakterisiert, hat Maria Cleophas Platz genommen, ein Wickelkind, den kleinen hl. Barnabas („Joseph Justus"), nährend. Zu ihren Füßen vergnügen sich ihre weiteren Kinder beim Murmelspiel – den Beischriften nach sind es die hl. Simon Zelotes, Jacobus d. J. und Judas Thaddäus. Der Schönheit ihrer Frauen nachgerade entgegengesetzt erscheinen Joachim, ausgezehrt und als älterer Kappenträger, Joseph und schließlich Alpheus mit struppigem Haar und im Besitz einer Knollennase. Auf dem heute fehlenden Standflügel muß die dritte Tochter Annas, Maria Salome, mit ihrem Mann Zebedäus und den Kindern Johannes d. Ev. und Jacobus d. Ä. dargestellt gewesen sein.

Die Zeitstellung dieses in manchen Zügen konservativ wirkenden und gewiß in einer lokalen Werkstatt entstandenen Altars ist in Hinsicht der beiden Heiligenfiguren der inneren Flügel zu diskutieren, da neben dem hl. Sixtus nicht etwa St. Stephanus als Mitpatron der Domkirche abgebildet ist, sondern der hl. Erasmus, und dieser scheint, wenn auch in handwerklich entstellter Form, die vielfach überlieferten Züge Albrechts von Brandenburg zu tragen. Erst nach 1513, als Erzbischof Albrecht von Magdeburg auch zum Administrator von Halberstadt postuliert worden war, wird der hl. Erasmus – Schutzpatron der brandenburgischen Hohenzollern – in dieser Verbindung mit dem hl. Sixtus dargestellt worden sein.

F.

Glossar

Albe: liturgisches Gewand aus weißem Leinen, an Saum und Ärmeln häufig mit Zierbesätzen; wird als Untergewand von allen Klerikern getragen

Antependium: schmückende Verkleidung der Vorderseite des Altars aus Holz, Metall oder in Form eines textilen Behangs

Antiphonar: liturgisches Buch mit den Gesängen des Stundengebets und der Messe

Apokryphen: christliche und jüdische Schriften, die nicht zu den kanonischen (verbindlichen) Büchern der Bibel gehören

Aurifrisium: kostbar geschmückter Besatzstreifen an Teilen der liturgischen Kleidung oder der Altarbekleidung

Capitalis: in römischer Zeit entwickelte Schriftform aus streng linearen Großbuchstaben gleicher Höhe

Deesis: Darstellung Christi als Weltenrichter zwischen Maria und Johannes dem Täufer, die in Fürbitte verharren; häufig in Kombination mit der Maiestas Domini

Evangeliar: liturgisches Buch mit dem vollständigen Text der vier Evangelien

Evangelistar: liturgisches Buch mit den Evangelienlesungen in der Ordnung des Kirchenjahres

Introitus: Psalm oder Psalmvers als Eingangsgesang der Meßfeier

Kanoniker: Mitglieder des Klerikerkollegiums (Kapitel) einer Dom- oder Stiftskirche → **Regularkanoniker:** Zusammenschluß von Kanonikern unter strengen, dem klösterlichen Leben angenäherten Regeln (häufig auch infolge einer Reform eines bestehenden Kapitels)

Legenda aurea: eine von Jacobus de Voragine zwischen 1263 und 1273 verfaßte Sammlung von Heiligenlegenden, die eine weite Verbreitung fand

Lektionar: liturgisches Buch mit sämtlichen Schriftlesungen für die Messe in der Ordnung eines Kirchenjahres

Maiestas domini: Darstellung des endzeitlichen Christus, der zwischen den vier apokalyptischen Wesen (Adler, Löwe, Stier, Engel) oder anbetenden Aposteln oder Engeln thront

Minuskel: aus Kleinbuchstaben gebildete Schriftform

Missale/Plenarmissale: liturgisches Buch mit den Gebetstexten, Lesungen und Gesängen für die Meßfeier; das Plenarmissale enthielt die Evangelien und Episteln in voller Länge

Niello: Technik der Metallverzierung, bei der sich die eingravierte Zeichnung durch eine eingeschmolzene Masse schwarz vom Grund abhebt

Physiologus: eine um 200 n. Chr. vermutlich in Alexandria entstandene Schrift, die Tiere, Steine und Pflanzen mit ihren Eigenschaften beschreibt und diese moralisch und theologisch hinsichtlich ihres Verhaltens und ihrer Wirkung deutet

Sakramentar: liturgisches Buch mit Gebetstexten für die Meßfeier und andere liturgische Handlungen

Textura: im 13./14. Jahrhundert durchgebildete Form der gotischen Schrift. Die Schäfte der Buchstaben sind doppelt gebrochen, die gebogenen Buchstabenteile gewinkelt geschrieben

Unziale: lateinische Schriftform aus Großbuchstaben mit gerundeten Schäften

Ziborium: meist kuppelartiges, auf Säulen oder Pfeilern ruhendes Dach zur Auszeichnung einer Person oder eines Ortes

Erläuterung von Fachbegriffen in:

Glossarium Artis, Bd. 2: Liturgische Geräte, Kreuze und Reliquiare der christlichen Kirchen und Bd. 4: Paramente und Bücher der christlichen Kirchen, 2. Auflage München/New York/London/Paris 1982

Einige textilkundliche Angaben wurden den unveröffentlichten Unterlagen der Textilrestauratorinnen Friederike Happach und Evemarie Schaper entnommen, denen für ihre Unterstützung zu danken ist.

Literaturhinweise

Literatur zum Domschatz

Halberstadt – Dom und Domschatz, hg. von Wolfgang Schenkluhn, Halle 2002 (= Hallesche Beiträge zur Kunstgeschichte, Heft 4).

Conrad Matthias Haber, Kurtz-gefaßte Aber doch gründliche Nachricht Von der Hohen Stiffts-Kirchen Oder so genannten Dom-Kirchen zu Halberstadt Und deroselben Merckwürdigkeiten, Halberstadt 1728, 2. Aufl. 1739.

Friedrich Lucanus, Wegweiser durch Halberstadt und die Umgegend für Heimische und Fremde, Halberstadt 1843, 2., wesentlich vermehrte Aufl. 1866.

Carl Elis, Der Dom zu Halberstadt. Historisch-archäologische Beschreibung, Halberstadt 1857.

Gustav Nebe, Der Domschatz von Halberstadt, in: Pallas. Zeitschrift d. Kunstgewerbe-Vereins zu Magdeburg 10, 1889, S. 61–63, 85–93.

Ernst Hermes, Der Dom zu Halberstadt. Seine Geschichte und seine Schätze. Eine Festschrift zum 18. September 1896, Halberstadt 1896.

Beschreibende Darstellung der älteren Bau- und Kunstdenkmäler der Kreise Halberstadt Land und Stadt. Bearb. von Oskar Doering, Halle 1902 (= Beschreibende Darstellung d. älteren Bau- u. Kunstdenkmäler d. Provinz Sachsen, Heft 23).

Oscar Doering, Die Kirchen von Halberstadt, Augsburg/Köln/Wien 1927 (= Deutsche Kunstführer, 10).

Adolf Diestelkamp, Geschichte der Halberstädter Dombibliothek im Mittelalter, in: Sachsen und Anhalt 3, 1927, S. 177–225.

Adolf Diestelkamp, Ein Inventar des Halberstädter Domes aus dem Jahre 1465, in: Zeitschrift d. Vereins f. Kirchengeschichte d. Provinz Sachsen u. d. Freistaates Anhalt 25, 1929, S. 81–88.

Erich Meyer, Das Dommuseum Halberstadt. Ein Führer, Halberstadt (1936, 2. Aufl. 1938).

Otto von Falke, Der Halberstädter Domschatz, in: Pantheon 18, 1936, S. 265–269.

Paulus Hinz, Gegenwärtige Vergangenheit. Dom und Domschatz zu Halberstadt, Berlin 1962, 5. Aufl. 1971.

Johanna Flemming, Edgar Lehmann, Ernst Schubert, Dom und Domschatz zu Halberstadt. Aufnahmen v. Klaus G. Beyer, Berlin 1974, zugleich Wien/Köln 1974, 2. Aufl. Berlin 1976, überarb. Ausgabe Leipzig 1990.

Peter Findeisen, Halberstadt. Dom, Liebfrauenkirche, Domplatz. Mit einem Beitrag v. Adolf Siebrecht. Aufnahmen v. Sigrid-Schütze-Rodemann u. Gert Schütze, Königstein i. Taunus 1995, 3., überarbeitete Aufl. 2005.

Eva Fitz, Die mittelalterlichen Glasmalereien im Halberstädter Dom (Corpus Vitrearum Medii Aevi, Deutschland XVII) Berlin 2003, S. 31–63.

Andreas Odenthal, Die Liturgie des Gründonnerstags, Karfreitags und Karsamstags im Halberstädter Dom, in: Archiv für Liturgiewissenschaft 43/44, 2001/2002, S. 22–46.

Zu einzelnen Schatzstücken

Halberstadt – Dom und Domschatz (= Hallesche Beiträge zur Kunstgeschichte, 4), herg. von Wolfgang Schenkluhn, Halle 2002, darin: Petra Janke, Ein wiedergewonnenes Reliquiar im Domschatz zu Halberstadt, S. 9–34; Katrin Weng, Zum Marientabernakel im Domschatz zu Halberstadt, S. 35–54; Hans Fuhrmann, Zur Verehrung Karls des Großen im Dom zu Halberstadt, S. 55-70; Anja Preiß, Der Abraham-Engel-Teppich im Halberstädter Domschatz, S. 76–96.

Christian Friedrich Bernhard Augustin, Das Diptychon consulare in der Domkirche zu Halberstadt, in: Neue Mitteilungen aus d. Gebiet historisch-antiquarischer Forschungen 7, Heft 2, 1844, S. 68–85.

Gustav Schmidt, Die Handschriften der Gymnasialbibliothek, in: Königl. Dom-Gymnasium zu Halberstadt. Oster-Programm 1878 (Nr. 190), S. 1–38; Teil II: Osterprogramm 1881 (Nr. 197), S. 1–32.

Hugo Mötefindt, Das Diptychon consulare im Domschatz zu Halberstadt, in: Abhandlungen u. Berichte aus d. Museum f. Natur- u. Heimatkunde u. dem naturwissenschaftlichen Verein in Magdeburg 3, 1915/1922, S. 51–96.

Raymond Koechlin, Les ivoires gothiques français, Paris 1924.

Betty Kurth, Die deutschen Bildteppiche des Mittelalters, Wien 1926.

Charlotte Giese, Die Madonna mit der Korallenkette, in: Pantheon 2, 1928, S. 595–598.

Richard Delbrück, Die Consulardiptychen und verwandte Denkmäler, Berlin/Leipzig 1929 (= Studien zur spätantiken Kunstgeschichte, 2).

Marie Luise Becker, Die Stoffschätze des Domes von Halberstadt, in: Belvedere 8, 1929, S. 424–430.

Marie Schuette, Gestickte Bildteppiche des Mittelalters, Leipzig 1930.

Franz Dölger, Die zwei byzantinischen „Fahnen" im Halberstädter Domschatz, in: Aus der Geisteswelt des Mittelalters. Studien u. Texte Martin Grabmann gewidmet, 2. Halbbd., Münster 1935, S. 1351–1360 (= Beiträge zur Geschichte d. Philosophie u. Theologie des Mittelalters, Supplementbd. 3,2).

Alfred Stange, Der Halberstädter Schrank, in: Jahrbuch d. Denkmalpflege in der Provinz Sachsen und in Anhalt 1935/36, S. 35–42.

Perry Blythe Cott, Siculo-Arabic Ivories, Princeton/London/The Hague 1939 (= Princeton Monographs in Art and Archeology, Folio Series 3).

Erich Meyer, Zur Wiederherstellung der romanischen Bildteppiche des Halberstädter Domes, in: Deutsche Kunst u. Denkmalpflege 1942/1943, S. 65–67.

André Grabar, Quelques reliquaires de saint Démétrios et le martyrium du saint à Salonique, in: Dumbarton Oaks Papers 5, 1950, S.1–28.

Jean Jacques Marquet de Vasselot, Les gémellions limousins du XIIIe siècle, Paris 1952.

Horst Appuhn, Der Karls-Teppich in Halberstadt, in: Aachener Kunstblätter 24/25, 1962/63, S. 137–149.

Horst Appuhn, Meisterwerke der niedersächsischen Kunst des Mittelalters, Bad Honnef 1963.

Marie Schuette und Sigrid Müller-Christensen, Das Stickereiwerk, Tübingen 1963.

Gisela von Bock, Perlstickerei in Deutschland bis zur Mitte des 16. Jahrhunderts, Bonn, Phil. Diss. 1966.

Edith Rothe, Buchmalerei aus zwölf Jahrhunderten. Die schönsten illuminierten Handschriften in den Bibliotheken u. Archiven der DDR, Berlin 1966.

Rudolf Wesenberg, Das Bucco-Kreuz im Halberstädter Domschatz. Ein kölnisches Bildwerk des 11. Jahrhunderts, in: Kunst des Mittelaters in Sachsen. Festschrift für Wolf Schubert, Weimar 1967, S. 269–273.

Leonie von Wilckens, Der Michaels- und der Aposteltteppich in Halberstadt, in: Kunst des Mittelalters in Sachsen. Festschrift für Wolf Schubert, Weimar 1967, S. 279–291.

Tilmann Buddensieg, Zur ottonischen Buchmalerei und Elfenbeinskulptur in Sachsen, in: Studien zur Buchmalerei und Goldschmiedekunst des Mittelalters. Festschrift für Karl Hermann Usener, hrsg. v. Frieda Dettweiler, Herbert Köllner u. Peter Anselm Riedl, Marburg a. d. Lahn 1967, S. 93–114.

Georg von Gynz-Rekowsky, Der Marienteppich im Dommuseum zu Halberstadt, in: Niederdeutsche Beiträge zur Kunstgeschichte 7, 1968, S. 153–178.

Renate Kroos, Niederdeutsche Bildstickereien des Mittelalters, Berlin 1970.

Heinrich L. Nickel, Deutsche romanische Bildteppiche aus den Domschätzen zu Halberstadt und Quedlinburg, Leipzig 1970 (= Insel-Bücherei, 915).

Hans Wentzel, Das byzantinische Erbe der ottonischen Kaiser. Hypothesen über den Brautschatz der Theophano, in: Aachener Kunstblätter 40, 1971, S. 15–39; 43, 1972, S. 11–96.

Gerda Herrmann, Ein spätromanisches Kruzifix in Halberstadt und seine typologischen Voraussetzungen, in: Acta Historiae Artium 19, 1973, S. 11–22.

Hans Georg Gmelin, Spätgotische Tafelmalerei in Niedersachsen und Bremen, München/Berlin 1974.

Byzantinische Kostbarkeiten aus den Museen, Kirchenschätzen und Bibliotheken der DDR. Spätantike, Byzanz, Christlicher Osten. Katalog zur Ausstellung 1977, bearb. von Arne Effenberger, Berlin 1977.

Kurt Weitzmann, Die Malerei des Halberstädter Schrankes und ihre Beziehungen zum Osten. Mit einem Anhang v. Renate Kroos, in: Zeitschrift f. Kunstgeschichte 41, 1978, S. 258–282.

Johanna Flemming, Byzantinische Schatzkunst, Berlin 1979.

GERD-H. ZUCHOLD, Der Halberstädter Diskos. Untersuchungen zur Datierung, Provenienzgeschichte u. Weiterverwendung, Halle-Wittenberg, Phil. Diss. 1979.

JOHANNA FLEMMING, Ein Silberplättchen mit Niellozeichnung in Halberstadt. Seine gesellschaftliche Funktion u. seine Herkunft, in: Metallkunst von der Spätantike bis zum ausgehenden Mittelalter. Hrsg. von Arne Effenberger, Berlin 1982, S. 18–24.

HENRIKE VON SCHUCKMANN, Studien zum Abrahamsteppich im Dom-Museum zu Halberstadt, Berlin, Magisterarbeit an der FU 1982 (Maschinenschr.).

FRIEDERIKE HAPPACH, Zur Restaurierung und Pflege mittelalterlicher Textilien, in: Denkmale in Sachsen-Anhalt, Weimar 1983, ^{2}1986, S. 381–388.

FRITZ BELLMANN, Ein Knüpfteppichfragment des 12. Jahrhunderts im Dom zu Halberstadt, in: Denkmale in Sachsen-Anhalt, Weimar 1983, ^{2}1986, S. 389–410.

GÜNTHER SCHIEDLAUSKY, Kühlkugel und Wärmapfel, München/Berlin 1984 (= Forschungshefte/Bayerisches Nationalmuseum München, 9).

NORBERT JOPEK, Studien zur deutschen Alabasterplastik des 15. Jahrhunderts, Worms 1988 (= Manuskripte zur Kunstgeschichte, 21).

BARBARA PREGLA, Der Paramentenschatz im Halberstädter Dom. Bedeutung und Aspekte der Erhaltung in Vergangenheit und Zukunft, in: Denkmalpflege in Sachsen.-Anhalt 12, 2004, S. 60–70.

BARBARA PREGLA, Die mittelalterlichen Paramente des Halberstädter Doms, in: Geschichte und Kultur des Bistums Halberstadt 804–1648. Symposium 2004 in Halberstadt, Protokollband, hrsg. von Adolf Siebrecht, Halberstadt 2005.

ANETTE ERLER, Der Halberstädter Karls- oder Philosophenteppich, Frankfurt a. M./Bern/New York 1989 (= Lateinische Sprache u. Literatur des Mittelalters, 25).

LEONIE VON WILCKENS, Die textilen Künste. Von der Spätantike bis um 1500, München 1991.

RAINER KAHSNITZ, Der heilige Johannes diktiert Procheros das Evangelium, in: Bernward von Hildesheim und das Zeitalter der Ottonen. Katalog der Ausstellung Hildesheim 1993, Hildesheim/Mainz 1993, Bd. 2, S. 427–429.

GEORG HIMMELHEBER, Mittelalterliche Holzmosaikarbeiten, in: Jahrbuch der Berliner Museen NF 36, 1994, S. 65–91.

BEATE BRAUN-NIEHR, Bibel aus Hamersleben; Zwei Fragmente aus der Hamerslebener Bibel, in: Heinrich der Löwe und seine Zeit. Herrschaft und Repräsentation der Welfen 1125–1235. Katalog der Ausstellung Braunschweig 1995, München 1995, Bd. 1, S. 534–538.

MARIA KAPP, Ein Skriptorium im Goslarer Neuwerkkloster? Studien zur Paläographie des Goslarer Evangeliars und verwandter Handschriften, in: Mittellateinisches Jahrbuch 31.1, 1996, S. 69–96.

HANS-JOACHIM KRAUSE, Zur Geschichte und Funktion des spätromanischen Schranks im Halberstädter Domschatz, in: Sachsen und Anhalt 19, 1997 (Festschrift Ernst Schubert), S. 455–494.

VICTOR H. ELBERN, Der byzantinische Diskos mit Kreuzigung Christi im Domschatz zu Halberstadt, in: Halberstadt – Studien zu Dom und Liebfrauenkirche, hrsg. v. Ernst Ullmann, Berlin 1997, S. 113–125 (= Abhandlungen d. Sächsischen Akademie d. Wissenschaften zu Leipzig, Phil.-hist. Klasse, Bd. 74, Heft 2).

ERIK ERNST VENHORST, Zwei bemalte Holzschalen im Dom zu Halberstadt, Berlin, Magisterarbeit an der FU 1997 (Maschinenschr.).

JOSEF ENGEMANN, Das spätantike Consulardiptychon in Halberstadt: westlich oder östlich?, in: Jahrbuch für Antike und Christentum 42, 1999, S. 158–168.

Die Zitate im Text sind, soweit sie nicht aus der angeführten Literatur stammen, ungedruckten Quellen entnommen, die im Landeshauptarchiv Sachsen-Anhalt in Magdeburg, im Archiv des Ev. Kirchspiels Dom St. Laurentius in Halberstadt und im Archiv des Landesamts für Denkmalpflege Sachsen-Anhalt in Halle (Saale) bewahrt werden.